CHUANBOXUE SHIYU XIA DE
SICHUAN ZANG QIANG YI FEIYI YANJIU

传播学视域下的
四川藏羌彝非遗研究

胡 畔 ／ 著

四川大學出版社
SICHUAN UNIVERSITY PRESS

项目策划：陈　蓉
责任编辑：陈　蓉
责任校对：王小碧
封面设计：墨创文化
责任印制：王　炜

图书在版编目（CIP）数据

传播学视域下的四川藏羌彝非遗研究 / 胡畔著 . 一
成都 : 四川大学出版社，2021.10
ISBN 978-7-5690-5031-8

Ⅰ . ①传⋯ Ⅱ . ①胡⋯ Ⅲ . ①藏族－非物质文化遗产
－研究－四川②羌族－非物质文化遗产－研究－四川③彝
族－非物质文化遗产－研究－四川 Ⅳ . ① G127.71

中国版本图书馆 CIP 数据核字（2021）第 195189 号

书　名	传播学视域下的四川藏羌彝非遗研究
著　　者	胡　畔
出　　版	四川大学出版社
地　　址	成都市一环路南一段 24 号（610065）
发　　行	四川大学出版社
书　　号	ISBN 978-7-5690-5031-8
印前制作	四川胜翔数码印务设计有限公司
印　　刷	四川五洲彩印有限责任公司
成品尺寸	148mm×210mm
印　　张	7.5
字　　数	185 千字
版　　次	2021 年 10 月第 1 版
印　　次	2021 年 10 月第 1 次印刷
定　　价	58.00 元

四川大学出版社
微信公众号

前　言

改革开放以来，我国更加重视对国家文化遗产的保护。自21世纪初加入联合国《非物质文化保护公约》后，我国先后制定出台系列政策措施，各级政府进一步加强了对少数民族非物质文化遗产的抢救、保护、传承与传播工作。笔者认为，只有在对非物质文化遗产历史地位、文化价值和现实意义建立正确认知的基础上，才能谈到有效地保护传承与传播。在传播学视域下，如何让大众媒介在非物质文化遗产的保护传承与传播工作中发挥应有的效力，是需要我们认真研究的重要课题。通过大众媒介的宣导作用，改变人们对非物质文化遗产的偏见或误解；通过大众媒介汇聚的民智民力，帮助民族传统文化在现代文明进程中承继创新、转型升级。这其实是对非物质文化遗产价值的确认过程，是积极的文化反思与价值重构过程。民族文化的传播不仅是一个本土传播的现实课题，同时也是跨文化传播中我国文化身份建构的重要组成部分。

特别是近些年来，我国中央和地方都高度重视国家文化的全面建设，制定相关政策和采取措施大力促进文化软实力的开发与运用。我国文化遗产中的少数民族非物质文化遗产是文化软实力的一个重要组成部分。四川藏羌彝民族地区与全国其他民族地区一样，在"一带一路"倡议的推动下，在积极开展对少数民族非物质文化遗产保护传承与传播的同时，也加快了开发利用的进程，使不少非物质文化遗产的优秀资源创新为民族文化品牌，扩大了非物质文化遗产国际国内的传播交流，使非物质文化遗产被越来越多的人了解和认同。四川作为藏羌彝文化产业走廊的核心区域，是中国第二大藏族聚居区、最大的彝族聚居区和唯一的羌族聚居区，拥有丰富多彩的少数民族非物质文化遗产资源。这些资源在我国少数民族非物质文化遗产中占有很大的比重，具有特殊的价值。藏羌彝非物质文化遗产的保护和传承工作对于维护我国少数民族文化以及人类文化的多样性，保护民族记忆，促进文化认同都具有重要意义。就目前对非物质文化遗产的保护传承与传播工作来看，大多数媒介重在方针政策的传播阐释，重在对政府组织的商业活动的跟踪报道以及一些典型非物质文化遗产项目和传承人的报道，整体偏于现象介绍，缺乏对现象背后存在意义与问题的深入思考。从我国近年文化研究成果中可以看到这样的问题：不少人类文化研究课题大量运用量化手段，通过田野调查获得了颇具价值的丰富资料，但是后期缺乏对文化内涵的反思和价值建构，使数据和资料成了普通调查报告的汇集。无论从民族文化的生成发展角度来看，还是从文化的扩散、交融与认同角度来看，非物质文化遗产的保护和传承无疑都是一个传播的命题范畴。传播能广泛地展示非物质文化遗产的内容与形式，为非物质文化遗产的现实生存增强活力，有力推动非物质文化遗产的交流与活态传承。探索非物质文化遗产传播的现实与未来，即探索民族文化传播的路径与规律，更符合传播学本土化的现实意义。笔者认为将非物质文化遗产的保护和传承纳入传播学视域，可以利用西方一些有借鉴意义的传播学理论为我们认识中国本土非物质文化遗产拓展新的视野，结合中国传播学的理论与实践，研究我国非物质文化遗产本土化传播这样的论题，既是传播学本土化的实践过程，又是丰富和完善中西方传播理论的过程。从传播学视域对非物质文化遗产现状及发展趋势进行总结分析，不仅具有大众传播的学理研究意义，更重要的是具有大众传播对少数民族非物质文化遗产保护传承的实践价值和推动作用。同时我们应该认识到，将非物质文化遗产的保护和传承纳入传播学的研究范畴，还能从传播学效果研究的视角出发审视非物质文化遗产本身以及非物质文化遗产保护传承过程与效果，从而发现其本质与规律，总结得失与经验，更有利于非物质文化遗产的保护和传承。

目前，学界将大众传播与少数民族非物质文化遗产相结合的研究虽然取得了较多的成果，但还没有对四川藏羌彝非物质文化遗产保护传承与传播进行综合研究的专题成果。本书是在 21 世纪以来国家大力保护少数民族非物质文化遗产背景下，将四川藏羌彝非物质文化遗产的保护传承与传播纳入大众传播学的视域，从文化的本土化传播切入，对不同民族的代表性非物质文化遗产项目的历史文化地位、文化特色与重要价值，以及"一带一路"倡议背景下四川藏羌彝文化产业走廊建设的时代意义，非物质文化遗产保护传承与开发利用的政策环境、存在问题与对策进行综合性的研究。本书主要包括以下内容：第一章对四川藏羌彝非物质文化遗产保护传承与传播的现实意义进行阐释，从本土化传播的立场评析了我国学界关于传播学本土化的理论与实践。论述了国家政策环境与社会环境对四川藏羌彝文化产业走廊非物质文化遗产传播的重要作用。第二章论述了仪式传播的理念与现实意义，以及仪式传播中藏羌彝非物质文化遗产的组织和群体行为，重大传统节日、重要活动的仪式化与效果，仪式传播非物质文化遗产的组织行为与自发行为的局限。第三章从跨文化传播理念与文化符号功能认知出发，阐释了四川藏羌彝非物质文化遗产的典型象征符号的文化传播意义。对国家"一带一路"倡议和日新月异的网络新媒体语境背景下，四川藏羌彝非物质文化遗产跨文化传播面临的时代机遇进行了分析论证。第四章围绕民族非物质文化遗产文化产业与地方经济文化发展的关系，论述了发展传播理论对民族文化产业发展的借鉴意义以及大众传媒在文化产业发展中的重要作用。同时，对我国当前推进供给侧结构性改革中文化产业面临的新形势、新思路进行了分析，结合四川藏羌彝非物质文化遗产开发的典型品牌，包括有代表性的民族文化产业园与突出的非物质文化遗产文化产业个体，阐释了文化产业发展中大众传播参与构建民族文化品牌的重要性和重大作用。第五章围绕大众传播的文化传承功能，重点论证了大众传媒与四川藏羌彝非物质文化遗产对接的必要性与现实性；从传播理念与媒介特征角度分析了影视传播对四川藏羌彝非物质文化遗产保护和传承的重要作用与影响；新技术主导的新媒介为四川藏羌彝非物质文化遗产传播提供了发展机遇和广阔平台，大众传媒的宣导作用更加举足轻重。

在对以上问题研究的基础上，笔者认为，大众传媒要充分认识到藏羌彝文化产业走廊建设在国家文化整体建设中的重要地位和特殊意义，在坚持少数民族非物质文化遗产传播本土化的立场上，积极发挥大众传媒的宣传导向作用。面对非物质文化遗产保护传承中流于形式化与模式化、传承人断层与主体价值观的背离、非物质文化遗产开发利用的标签化和商品化、非物质文化遗产题材创作的主观化等问题，大众传媒与学界都要认真思考，积极寻求解决的答案与途径。少数民族非物质文化遗产媒介化生存虽面临一些挑战，但也面临更多发展机遇。21世纪以来，大众传媒与四川藏羌彝非物质文化遗产对接的尝试与融合，已积蓄了一定的经验，现代媒介也为四川藏羌彝非物质文化遗产传承传播提供了新的平台，"一带一路"倡议为藏羌彝文化产业走廊发展开创了前景广阔的新路。新形势下，我们要大力宣传贯彻少数民族非物质文化遗产传承的方针政策；积极融入"一带一路"倡议的传播领域，加强国内外各地区和各民族的非物质文化遗产交流；尊重少数民族文化历史，保持少数民族非物质文化遗产基因与特色的传播策划制作，构建从中央到地方纵横畅通的传播链；在大数据条件下创新传播方式与途径，原真性保护与活化非物质文化遗产内容；充分利用供给侧结构性改革创造的有利条件，结合地方经济文化发展的需要，加强非物质文化遗产生产性保护的引导传播，促进非物质文化遗产文化市场的消费健康发展；从国家文化发展的大局出发，做好四川藏羌彝非物质文化遗产与国家民族文化的融合扩散的传播，为提高国家文化软实力发挥更大的作用。

原联合国教科文组织无形文化遗产部主任爱川纪子曾总结指出非物质文化遗产在当下的两种常见保护方式：一种是将非物质文化遗产转化为有形形式，即凭借文字、音像等方式记录存档，以便实现长久保存；一种是使其在土生土长的原生态环境中得到保护，这种方式强调实现非物质文化遗产的活态化保护与传承。笔者认为大众传媒因其具有多元化的传播途径与方式，在非物质文化遗产的保护上，除了可采用数字化手段对非物质文化遗产进行记录建档，还应在参与少数民族非物质文化遗产的宣传与保护传承工作中扮演主要角色和发挥重要作用。就目前非物质文化遗产的保护传承的主体来看，政府部门、公司企业、民间组织或家庭、个人传承是常见的，而作为拓展非物质文化的媒介传播方式虽有介入，但其内容、方式、力度和效果都还有明显的局限。要使非物质文化遗产得到更好的保护和传承，必须高度重视发挥大众传媒尤其是新媒体的效能。

大众传媒在宣传促进四川藏羌彝非物质文化遗产的工作上已做出多方面的努力，并取得了明显的成就，但因为大众传媒参与这项工程的历史不长，且有多种原因的限制，还远未达到应有的目标。同时，随着互联网技术的发展，新媒介日新月异，新媒介的运用使得传播环境、传播内容、传播途径方式都发生了巨大变化，非物质文化遗产的保护与传承在新媒介时代体现出新的特征，既迎来了机遇也面临着挑战。在"互联网＋"时代背景下，少数民族非物质文化遗产的传播渠道和形式以及发展前景需要更加深入的探究。传统媒体和新媒体对非物质文化遗产的传播各具特点和优势，尤其是新媒体在非物质文化遗产的传播上更显示出时代的适应性，更符合受众的心理诉求。以大数据和新媒介技术为支撑，利用人们喜闻乐见的电子图文、网络直播、移动短视频音频，以及其他多元高效的传播方式，形成全方位、多层次、多渠道、精准化的传播格局，可以为推动四川藏羌彝文化产业走廊的建设探索更多的新思路和新方法，为传播少数民族文化做出更多的贡献。

笔者的研究是在近十余年来国家对少数民族非物质文化遗产进行保护和传承的背景下，对四川藏羌彝文化产业走廊中民族地区非物质文化遗产的保护传承与传播情况进行了比较系统全面的梳理，结合四川藏羌彝非物质文化遗产的内容与特点，具体针对其传播方式和内容以及得失进行的分析研究，同时探索了大众传媒与少数民族非物质文化遗产保护传承的有效对接途径及形式，并就存在的问题如何改进提出了个人的建设意见，试图对四川藏羌彝民族文化保护传承与传播提供有益的参考。同时，笔者也希望在今后的传播学研究中，更好地学习我国大众传媒的经验，借鉴外国传播学有益的相关理论，为实现传播学本土化，为中国本土非物质文化遗产保护传承与跨文化传播的发展途径做出新的探索。

胡　畔

2021 年 9 月 10 日

目　录

第一章 四川藏羌彝非遗的特殊地位 与民族文化本土化传播

四川藏羌彝非物质文化遗产（简称"非遗"）是我国民族文化中的一个重要组成部分。在漫长的历史演变中，各民族因其地理环境、宗教信仰、生产生活方式、文学艺术等特殊条件，形成并保持了各自的民族文化特色，又在与其他民族文化的交融中共同形成中华文明，为推动我国民族文化的发展做出了特殊的贡献，在我国的文化历史中有其重要的地位。以四川藏羌彝典型非遗项目的生存发展境况为研究对象，既是传承和发展中国文化的一个现实命题，也是传播学本土化的一个现实命题。藏羌彝三个少数民族的非遗资源是四川藏羌彝文化产业走廊地区相对集中的文化资源，展现了该区域的民族特色和文化亮点。长期以来，大众传媒虽然对藏羌彝非遗传播做了很多工作，但主要是涉及传统的项目和仪式活动现象，而对民族地区非遗开发利用与活态传承的问题缺乏有深度有广度的思考，传播观念、方式及效果都有其局限。民族文化的本土化传播应探索民族文化在传统与现代交融中如何实现改良与发展，通过传播对传统的重塑，促进民族文化的保护与传承，使其既能承继传统文化的本质与精神，又能符合大众心理诉求与社会主流文化的发展方向。要达此目的，离不开良好的政策环境与社会环境，同时也离不开大众传媒对政策环境与社会环境的宣传，对人们积极参与少数民族非遗的保护传承与传播的引导。

第一节　一个传播学本土化的现实命题

学术自主与批判创新伴随着传播研究在我国生根发展的全过程，结合我国实际，借鉴西方传播学的理论成果与研究方法，在实践中探索符合中国国情的传播理论范式，创新性地建立我国本土化的传播理论体系，是我国传播研究的理论与实践方向。在我国大力推进民族文化发展的历史时期，实现传播本土化有着特别重要的现实意义。少数民族非物质文化遗产是中华文化不可分割的重要组成部分，是我国开发和提升国家文化实力的重要资源，对我国文化建设来说至关重要。挖掘、保护、传承各民族丰富多样的文化遗产，发展文化生产力，创新民族文化品牌，促进民族文化的国内外传播交流，让中华文化在更广泛的领域被认知与认同，这一切都与传播紧密相关，是传播理论研究与实践过程的对象与内容。四川藏羌彝非遗的保护传承与传播正是传播学对本土问题进行观照的一个现实话题。

一、本土化传播的意义诠释

学术自主与批判创新的实践，应该始终建立在对自我社会历史以及现状的深刻认知基础之上。历经数十年，"传播学的中国化"都是一个被反复讨论的主题。20 世纪 60 年代，传播学被介绍到我国台湾，80 年代施拉姆将传播学带到中国大陆。接近四十年时间里，我国传播学界都在不断探索尝试，力图建构符合中国国情的传播理论范式，实现真正意义上的本土化传播。1978年香港和台湾先后召开了以讨论中国历史文化传统中的传播实践以及传播理念问题为主题的研讨会。与会专家学者着重讨论了如何推动传播学本土化的研究与实践进程。这两次会议在我国传播学本土化的研究中都有着开拓性的历史意义。1982 年中国大陆召开了第一次传播学研究会，会上提出的"十六字"方针明确了我国学习研究传播学的基本态度与目的，为我国传播学的本土化指明了方向。1986 年的第二次大陆传播学研究会，将建立有中国特色的传播学作为研究目标，标志着我国传播学真正从介绍走向尝试建立有中国特色的社会主义传播学。从这些传播学研讨会的主题来看，传播学在我国的发展始终立足我国国情，根植我国历史悠久的传统文化土壤，借鉴古今中外的优秀思想与先进经验。

一直以来，传播学的中国化受到世界两大传播思潮的影响，一是美国经验学派，二是欧洲批判学派，不论是注重定量研究方法的美国经验学派，还是侧重文化反思的欧洲批判学派，都给中国的传播学研究提供了值得参考借鉴的经验和范式。但在传播学的学习与实践过程中，我们需要保持独立自主的思想且具有批判创新意识。正如我们常常遇到这样的情况：当试图借用西方的传播理论诠释和解决一切传播问题时，会发现不同国家、不同意识形态与不同传播语境是没有统一的传播理论范式可以套用的。借用西方传播理论的前提是我们应该拥有自己的学术自信和批判创新精神，而非简单出于"拿来主义"的惯性行为。任何传播语境都有适合它的传播实践和以此建构的传播话语方式，而这一切无疑都在践行着传播的本土化。有学者指出"长期以来，我们似乎并未在意将这个从一开始就存在的问题进一步问题化了，对其'本土化的形式主义命题'似乎也缺乏足够的反思"①。一直以来，有不少传播学者对传播学科在中国内地的发展进行了思考，力图运用批判性的思维来认识和反省我国传播研究自身存在的问题。诸如孙歌认为我们都意识到不能在自己所谓的文化领域或国族里自足地面对本土的问题，也即是不能在本土的框架里简单粗略地处理本土的问题。② 所以，在学习借鉴西方的传播学理论成果时，需要立足我国国情，从现实问题出发，具体问题具体分析，不断摸索出一套适合中国的传播理论体系，它既散发着西方经典传播思想的光芒，又能体现中国的传播特色，契合中国的传播情况，解决现实的本土传播问题。裴人认为，这样的传播理论体系既不是照搬西方传播学理论体系与研究模式，也不是随时随处在西方学术理论中寻找依据与答案，而是以中国历史文化为背景，以中国现实国情为坐标，整合多学科知识、采用科学合理的研究思路与方法，密切联系实际，努力服务于实践。③

我国传播学在发展中与时俱进，不断汲取新时代的鲜活养分，在近几十年来充满了生机。可以说，传播学在我国的发展正是顺应了我国社会的历史文化背景以及各种社会科学本土化的思潮，才使本土化的传播理论找到依托，并逐渐具有了实质性内容

---

① 王怡红：《从历史到现实，"16字方针"的意义阐释》，《新闻与传播研究》，2007 年第 4 期。

② 孙歌：《主体弥散的空间》，南昌：江西教育出版社，2002 年，第 375 页。

③ 裴人：《论中国的当代传播学研究》，《杭州师范学院学报》，1996 年第 2 期。

和进展思路。传播学的理论研究与实践都在不断地拓展，传播学的本土化或本土化传播依然是传播学界继续探索的问题。

欧洲批判学派的理论思想对我国今天的传播学理论研究依然有着重要的参考作用，尤其是在文化传播的反思与建构方面。当前的文化传播研究，重视西方批判学派学术思想与理论成果的引进及实现其中国本土化，亦是基于推进传播学本土化的现实需要与客观要求。欧洲批判学派作为世界重要的文化思想流派，其理论研究几乎囊括了所有具备批判倾向的传播理论研究可能，他们的学术营养与理论支撑来源于哲学、社会学、心理学、历史学、政治经济学、符号学以及文化人类学等各领域各层面的社会科学研究。传播学的中国本土化，一方面需要以批判创新的眼光和开放的姿态，吸收利用西方优秀的学术研究理论成果与思维范式来观照中国本土的、历史与现实的文化传播理论与实践命题；另一方面也需要我国传播理论与实践的阐释和研究落脚在自身学术传统与现实境况的基础之上，建构一套适合自身理论分析与阐释的科学框架。传播学在中国的发展应践行"十六字"指导方针，推进民族文化本土化传播的进程，正如邵培仁先生所讲，中国传播学只有针对中国现实国情，联系传播实际，从中国传统文化和现代学术中吸取营养，适应中国社会的特征、中华文化积淀与受众心理态势、意识取向等条件，才能真正在中国大地上生根、开花、结果，才能真正融入中国主流文化而成为一个有机的组成部分。①

一直以来，文化建设和文化传播都伴随着我国改革发展的全过程，尤其是文化软实力作为各国综合实力重要体现的当下，各

---

① 邵培仁：《传播学导论》，杭州：浙江大学出版社，1997 年版，第 69 页。

国各族文化所产生的吸引力、影响力和凝聚力在其发展建设和适应全球化的过程中都发挥着举足轻重的作用。从党的十七大报告将提高国家文化软实力作为一项长远的战略任务提上议程，到十九大要求加强我国国内外传播能力，强调加强文化建设，扩大国际影响，表明党和国家高度重视文化软实力的开发、建设与运用。国家文化遗产中的少数民族非遗是文化软实力的一个重要组成部分，是我国珍贵的文化资源。保护传承与开发利用少数民族非物质文化遗产，事关民族文化认同和民族文化品牌建设，是体现我国多民族文化特色和丰富文化传播形式与内涵的有效策略。当然，文化的建设与发展无疑都与大众传媒紧密相关，需要大众传媒的参与和促进。在传播学的视域下，笔者试图从本土化传播的现实命题着手，研究四川藏羌彝非遗保护传承与传播的相关问题。

二、四川藏羌彝非遗传承——一个本土化传播的现实命题

要研究四川藏羌彝非遗保护传承与传播的问题，必然需要对四川藏羌彝非遗资源及其保护和传承的现状有所了解，同时还应该意识到将非遗问题作为民族文化的本土化传播现实命题的必要性与重要性。少数民族非物质文化遗产是少数民族文化在本土历史与现实社会环境中的活态延续结果，相关保护与传承工作亦是一个本土发展的动态传播过程，这自然属于本土化传播研究的范畴。

四川作为我国少数民族聚居的一个大省，同时也是非物质文化遗产大省。该省藏羌彝民族地区非物质文化遗产的贡献率远高

于全省其他各市州的平均水平。截至 2021 年，我国公布的五批国家级非遗代表性项目共 1557 项，其中四川少数民族地区有 43 项入选，藏羌彝非遗项目就占 41 项。目前，四川入选联合国教科文组织非遗名录项目 7 项，国家级非遗项目 153 项，其中藏羌彝非遗占 61 项。[①] 四川藏羌彝三个少数民族在宗教信仰、生产方式、生活习俗、节日庆典、音乐舞蹈、建筑风格等方面都具有鲜明突出的特征。诸如甘阿凉三州的格萨尔说唱艺术、藏戏表演、原生态锅庄、藏族特色派系唐卡、古碉群、羌寨、羌绣、羌族多声部民歌、瓦尔俄足节、羊皮鼓舞、彝族火把节、婚丧习俗、服装配饰、彝族漆器、克智、毕摩音乐绘画等都是四川民族区域文化的亮点。这些各具文化特色和价值的非遗项目体现出民族文化的异质性、多样性与丰富性，在我国的历史文化中占有特殊的地位。

四川省内世居 55 个少数民族，目前人口共计 568.8 万人。其中藏羌彝为三大少数民族，他们分别集中在四川甘孜藏族自治州、四川阿坝藏族羌族自治州、四川凉山彝族自治州。甘孜州作为康巴文化核心区域，境内多民族杂居，常住人口约 110 万，其中藏族为主要聚居民族。丰富多彩、底蕴深厚的康巴文化，包括了藏族史诗格萨尔、藏族格萨尔彩绘石刻、藏族唐卡、德格印经院藏族雕版印刷技艺、康定情歌、巴塘玄子、甘孜踢踏、石渠锅庄、噶玛嘎兹派唐卡、甘孜州南派藏医药等文化名片，享誉中外。阿坝藏族羌族自治州，位于四川省西北部，全州常住人口约 82 万。境内藏羌民族文化丰富而富有特色，拥有著名的藏族碉

① 吴晓铃:《第五批国家级非遗名录公布　四川 14 个非遗项目入选》,《四川日报》, 2021 年 6 月 11 日, 第 1 版。

楼营造技艺、藏族编织、川西藏族山歌、玛达咪山歌；羌绣、羌笛、羌年、瓦尔俄足节、羊皮鼓舞、沙朗舞、羌族多声部、羌碉羌寨等多项民族特色非物质文化遗产项目被列入国家级非物质文化遗产目录。凉山彝族自治州是中国最大的彝族聚居区，位于四川省西南部，常住人口总计约485.8万。境内多世居民族，其中主要为彝族。凉山彝族自治州独具特色的非遗项目包括：彝族年、彝族火把节、彝族婚丧嫁娶习俗、毕摩音乐绘画、彝族漆器髹染、彝族毛纺织及擀制技艺、彝裳彝绣、英雄史诗传说、克智表演等。以上民族地区非物质文化遗产的部分内容早在19世纪七八十年代就被西方学者发现，并得到一定传播。英国人威廉·吉尔的《金沙江》（*The River of Golden Sand*）和英国著名女性旅行家伊莎贝拉·伯德的《长江流域旅行记——1896年英国女旅行家在长江流域及四川西北部汶川、理县、马尔康梭磨旅行游记》中均用大量篇幅描述了川西地区绮丽的地理风光和独特的少数民族民风民俗，让世人从他们的笔端了解到这片土地上生活的神秘部族的悠久历史和多样文化。关于羌寨碉楼，伊莎贝拉在文献中记述："在这些楼房之间能见到高耸入云的碉楼，有时一个地方的碉楼多达七个，这些碉楼美丽如画，雄伟壮丽，它们的美是难以言表，无法想象的。"① 外国学者对川西民族风情文化的赞美，无疑是有良好的传播效应的。1903年英国植物学家亨利·威尔逊在川西松潘的游记中记述了当地藏族服装配饰、吉祥图案、寺庙唐卡和民众生活环境，充满深情地感叹：我到过松潘

①　[英] 伊莎贝拉·伯德：《长江流域旅行记——1896年英国女旅行家在长江流域及四川西北部汶川、理县、马尔康梭磨旅行游记》，红音、杜水彬、毛堃等译，成都：四川民族出版社，2010年版，第323页。

三次，每一次的停留都很愉快……如果命运安排我在中国西部生活的话，我别无所求，只愿能够生活在松潘。[①]

四川省甘阿凉三大少数民族自治州恰好位于我国藏羌彝文化产业走廊的核心区域。这些少数民族地区的非物质文化遗产成为四川藏羌彝文化产业走廊的重要组成部分，三大少数民族既保持了各自民族的特点，同时也体现出民族交融的现象以及现代文明对他们的影响。基于上述优越的历史地理条件和丰富多彩的民族文化资源，在国家大力开发藏羌彝文化产业走廊的历史机遇面前，甘孜、阿坝、凉山三大少数民族自治州的民族文化产业发展态势良好，在承继发展民族传统文化的同时，将民族文化资源转化为民族文化资本，带动了地方经济文化的发展。近年来，甘孜州着眼于当地丰富的藏族文化资源，开发推介藏族特色文化产业项目；阿坝州在完善地震灾后重建工程的同时，推进当地藏羌文化资源的保护传承与可持续发展利用；凉山州在创新创意民族特色文化产业品牌方面都取得了可喜的成效。甘阿凉三大少数民族自治州对非遗的开发生产和市场开拓，不仅推动了地方经济文化发展，也激发了当地民众保护和传承少数民族文化遗产的积极性。

四川藏羌彝文化产业走廊属于原生态的民族文化孕育与生存空间，拥有丰富的民族文化品类，应该将民族文化的保护传承与传播结合起来，确保有效开发利用民族文化资源，以民族文化特色招牌吸引多方投资项目，通过交流和贸易将偏远山区的民族文

---

①　［英］欧内斯特·亨利·威尔逊：《威尔逊在阿坝——100 年前威尔逊在四川西北闻汶川、茂县、松潘、小金旅行游记》，红音、干文清编译，成都：四川民族出版社，2009 年版，第 41 页。

化推介出去，促进少数民族文化的可持续发展。国家"一带一路"倡议的建设举措实施以来，为四川开发藏羌彝文化资源带来了开发利用的有利条件，让"一带一路"沿线的藏羌彝民族文化企业开发建设与民族文化旅游景点路线、民族文化创意产品研发基地、户外休闲运动基地、民族传统节日庆典仪式活动、戏曲歌舞文化表演基地等特色文化资源产业品牌建设结合起来，开创了共同发展的广阔前景。藏羌彝文化产业走廊的亮点在于突出的少数民族地域文化特色，这些特色与其他国家、地区民族的文化特色相比具有明显的异质性，体现了藏羌彝文化产业走廊的特殊文化魅力。凭借文化产业走廊与"一带一路"的文化发掘与传播，利用异质文化的特殊魅力和影响力，促成了国内外不同地域各民族文化的交流，是拓展四川藏羌彝地区文化经济整体发展的有效途径。

近年来四川不断开展了国际性的非遗展示、展览与交流活动，如至今连续举办七届的"成都国际非物质文化遗产节"（第八届即将举办）、"凉山彝族国际火把节"以及"格萨尔国际学术研讨会"等，为四川藏羌彝非遗文化的对外交流传播创造了条件。在这些活动中，非遗的保护、传承与传播都有了新的进展，"一带一路"与非遗文化、非遗文化开发利用、非遗的活态传承、非遗数字化保护和传播、非遗的传承教育与推广等成为非遗保护实践研究的热门话题。

自联合国教科文组织 2003 年公布《保护非物质文化遗产公约》以来，世界各国将推进非物质文化遗产的政策制定，探索非物质文化遗产的保护方法与措施，以及将非物质文化遗产作为文化传播现象进行研究等系列课题也都提上了议程，并得到社会各界的广泛关注与支持。多年来，我国的非物质文化遗产保护工作包括发掘、统计、录入非遗项目数量，以文字、图片或是音频、视频资料形式对非遗及其生成过程进行记录、保护和储存。随着大数据时代的到来，不论是调查统计、归档储存还是搜寻检索工作都变得更加便利高效。但是对非物质文化遗产的研究与传播，大多还停留在调查与描述的宣传阶段，缺乏对非遗社会价值的审视和非遗文化的时代反思。对非物质文化遗产的传播，要在总结经验和教训的基础上，避免应景式和形式化的弊端，要从国家重视非遗和保护非遗政策的角度去看待传播的重要作用。在传播非遗的过程中，除了应了解其历史与现实的存在状况，还应研究发掘其潜在的社会价值，包括非遗具有的史料价值、艺术价值以及商业价值，预测非遗在保护与传承过程中可能遇到的困难，并及时发现存在或潜在的问题，积极探寻解决这些问题的办法和措施，以确保非遗的保护与传承在现代文明里实现良性的活态流变。

笔者认为，非物质文化遗产的保护传承除了运用经验学派的定量研究方法，更应该以文化批判的视角审视文化现象与过程，确保抓住问题的实质并进行改进和实现有效传播。置身于现代文明语境中的少数民族非物质文化遗产，其存在与发展无疑是一个亟待研究的复杂文化问题，只有对其进行历史与现实的普遍观照与价值反思，探索最优的保护传承与传播的途径，才是少数民族非物质文化遗产保护与传承的正确方向。少数民族非物质文化遗产既是民族历史文化的标识，也是民族独特个性的反映，在历史发展进程中，少数民族非物质文化也正经历着与社会环境不断互动的过程，需要不断调试自我，适应时代的变迁，既能承继本土化风格，也能兼容取舍全球化进程中世界文化交流、碰撞、融合、影响带来的丰富内涵。大众传媒对国家文化方针政策的宣导，对少数民族非遗保护传承相关政策措施的宣导，应建立在对少数民族族群文化历史与现实的阐释基础之上，应凸显出少数民族非物质文化遗产之于民族身份的特殊文化标识等作用。对族群历史的阐释以及民族身份标识的认知是少数民族非物质文化遗产保护与传承工作得以推进的前提。在传统与现代之间找准自身位置，才能实现民族文化从本土化向全球化的顺利过渡。随着改革开放进程的深入，以及全球化、国际化步履的加快，少数民族非物质文化遗产成为国家形象的重要构成部分。凭借现代传播平台，少数民族非物质文化遗产在世界文化之林可以赢得更多的宣传推介与交流切磋的机会，在传统与现代的对话中进一步丰富自身的文化内涵。现代传播的演绎既能增进大众对少数民族非物质文化遗产的认知，也能增强传承人的文化自信和民族自信，从而实现更为广泛的民族认同与国家认同。

在当前的文化语境中，少数民族非物质文化遗产不可避免地面临种种认同危机，例如现代的主流文化、大众文化与流行文化对少数民族非物质文化这样所谓"非主流"文化的冲击。文化的交融发展是一个长远的调适过程，需要民族内部与民族之间的个体认同、族群认同、国家认同和社会认同，通过个性与共性的不断协调与平衡来实现。大众传媒的正确引导，也是实现个体认同、族群认同、国家认同、民族文化认同与民族身份认同的重要途径。在全球化以及高度的现代城市文明语境中，少数民族非物质文化遗产的生存应该不断探寻适应时代发展的种种可能性，在继承与发展中求得平衡。2017 年凉山彝族传统火把节选美大赛金索玛奖获得者吉色李英接受记者采访时谈道："当今的彝族传统民族文化的生命力在于是否能真正准确的做到去其糟粕、取其精华，而再结合外来的优秀文化进行创新。重要的是通过参加这个节目，可以为宣传彝族传统文化尽一份微薄之力。"① 正如吉色李英这样，在现代传媒语境里成长起来的少数民族年轻一代，对自我民族文化的态度与认知也关系着少数民族文化的存活与发展。通过大众传媒提供的广泛平台，推出少数民族的传统民俗和民族文化形象大使，正体现了大众传媒在民族文化传承与传播中的功能与影响。凭借大众传媒提供的一些平民舞台，如《星光大道》《中国民歌大会》《美丽中国——乡村行》等节目，推出更多的少数民族非物质文化遗产题材，鼓励更多的少数民族非物质文化传人积极参与，让传统与现代、民族与通俗、非主流与主流获得更多的交流碰撞机会，是少数民族非物质文化生存与传播的一条重要途径。四川省新出台的政策鼓励非遗融入现代生活，按照传承中华民族优秀文化的目标，鼓励在保护非物质文化遗产核心价值的基础上，对非物质文化遗产进行再创造，促进非物质文化遗产走进现代生活，实现可持续发展。②

在现代文明语境中，少数民族非物质文化遗产往往处于边缘地位，它们的生存与发展需要良好的社会环境，需要得到更多的关注和切实的保护传承措施。学界的介入、传承人的传承（教学、演出、组织交流活动），对族群传统仪式活动的报道，包括政府组织、社会参与的相关活动以及社会生产产业链的介入，都是保护传承少数民族非物质文化遗产的有效途径。大众传媒应该积极深入社会调查，及时反映非遗状况与非遗传承人现实处境，

---

① 瓦扎伟洛：《吉色李英——2017 中国．凉山彝族传统火把节选美大赛的金索玛》，彝族人网，yizuren. com/people/yrjs/35890. html，引用日期：2021 年 8 月 12 日。

② 四川省第十二届人民代表大会常务委员会第 87 号公告颁布：《四川省非物质文化遗产条例》，四川人大网，2017 年 6 月 5 日。

对非物质文化遗产保护传承现状做真实的反映与科学的传播宣导，为国家非遗文化政策的制定提供有益参考，同时跟踪监督国家政策的贯彻实施情况，培养文化生存发展的大环境，让少数民族非物质文化遗产的保护传承得以持续实践并取得成效。

四川藏羌彝文化产业走廊的非物质文化遗产虽然很多，但也很分散；保护传承与开发利用尚有大量工作需要去做，怎样集中整合资源，怎样根据政府的有关方针政策来进行开发利用，怎样围绕以上问题进行导向性传播，都值得大众传媒认真思考和积极介入。少数民族文化得以活态传承，除传统的保护传承方式外，生产性保护也是当前一种行之有效的举措。2016 年年初，我国召开的中央经济工作会议强调推进供给侧结构性改革，指出供给侧结构性改革是各领域未来改革发展的创新与方向。面对当前存在的文化创新动力、文化企业活力与竞争力以及资源使用效率等方面的不足，文化产品无效供给过剩有效供给短缺，整体文化需求不能得到有效满足等问题①，在全面深化改革的大背景下，文化产业、文化创意产业的转型升级必然需要推进文化供给侧改革。近年来，国家将文化产业作为朝阳产业，并从文化供给侧改革中为少数民族非遗文化产业的发展提供了有利的政策保障。四川地方政府抓住机遇，因势利导，为四川藏羌彝文化产业走廊的开发建设制定了相关政策与方案，积极配合当前文化供给侧改革，转变文化产品开发思路，积极满足文化多样性需求，避免文化产品同质化倾向，增加文化产品的创意和内容，提高艺术品位。保护与传承少数民族非物质文化遗产与发展我国文化产业、

---

① 张振鹏：《供给侧改革：助推我国文化产业转型升级》，《光明日报》，2016 年 1 月 7 日，第 16 版。

文化创意产业密切相关，将少数民族非遗文化纳入文化供给侧改革的范畴，自然符合当下强调提高文化软实力的形势。我们要在民族文化供给侧改革中，创造文化产业的广阔前景，遵循文化发展和市场发展的规律，既注重文化品位也注重经济效益，提高产业和产品的整体数量与质量，确保文化产业的健康发展。少数民族地区文化特别是非遗的发掘、保护与传承，越来越受到各级政府与社会各界的关注。推进文化供给侧改革，促进少数民族非遗活态传承，需要对少数民族非遗价值进行正确认识与深入挖掘。从传媒文化供给侧改革方向来看，少数民族非物质文化遗产也是重要的媒介文化资源，值得传媒探索发现并制作出既富有我国传统民族文化特色，又能体现时尚风貌的优秀传媒文化产品，建构民族文化品牌以提高我国传媒文化品位与传播形象。

第二节　少数民族非遗的多元形态与文化认同

人类文明的发展离不开多元文化的共生共存，各民族文化资源首先滋养着本民族的生存与强大，然后才是民族间交流融合中的相互促进。每个民族的文化价值并非只体现为可以持续开发为产品的消费满足，更重要的是为本民族的生存发展注入生命的活力和民族的凝聚力。我国非物质文化遗产作为中华民族发展史上的重要印记，是民族独特而重要的文化标识，它们代表着民族身份，反映了民族心理、价值观念与精神气质，对提高民族文化自信，促进各民族文化交流发展，激发民族认同感，扩大国际影响起着至关重要的作用。新中国成立以来，我国一直重视少数民族问题，尤其是改革开放以后，制定了一系列维护民族团结及促进民族地区发展稳定的政策措施，取得了巨大成效，各民族紧密团结，共同维护祖国的繁荣稳定。进入 21 世纪，随着全球化进程的推进，尤其是互联网技术的发展，世界各国在政治、经济、文化领域信息交流互动频繁，既给各国的进一步发展提供了更多机遇和可能，同时也带来了一些隐患与风险。单世联认为，从理论上讲，不同地域文化产品都有其不可替代的价值，但就现实来看，全球化使得文化从强势的西方发达国家传播出去，刺激催生了全球性的需求，近乎让全球的消费者对其文化产品欲罢不能；一些发展中国家或文化相对弱势的国家市场被并不能反映和满足他们现实生活的文化符号所占据，甚至丧失话语权，难以讲述自己的故事和经验。现阶段的全球化确实具有文化殖民的特征，一定程度上压迫了人类本身的文化多样性。① 面对愈加复杂的国际形势，除了增强国家政治、经济、军事等硬实力，文化成了各国最重要的战略资源，是国家软实力的体现。英国社会学家安东尼·吉登斯认为，正如一些人所担心的那样，全球化正导致一种"全球文化"的产生，在这种文化里，最强势的以及最丰富多彩的文化品类与价值观，将拥有压倒地方性传统和习俗的强悍力量。又如另一些人理解的那样，全球社会现在是以极其丰富多样的文化共存而非同质文化为特征的。本地传统掺入大量外来的文化内容与形式，为人们提供了众多可供选择的生活方式，从而让人不知所措。② 因此，我们应该充分认识世界文化多元性的重要

---

① 单世联：《全球化时代的文化多样性》，《天津社会科学》，2005 年第 2 期。
② ［英］安东尼·吉登斯：《社会学（第 4 版）》，赵旭东、齐心、王兵等译，北京：北京大学出版社，2003 年版，第 59 页。

意义，在跨国跨地区的民族文化交流中，保持民族文化的特色，促进世界文化的融合与发展，以有利于人类文明的建设。维护各民族文化的丰富性和多样性，是世界各国文化交流的重要议题。

一、少数民族非遗与文化多样性

文化遗产是民族和国家历史文化成就的重要标识，反映了民族和国家的发展进程，也构成了人类文明的多样性。文化遗产包括物质文化遗产和非物质文化遗产。物质文化遗产是指有形文化遗产，即传统意义上的文化遗产，包括历史上的人类文化遗址、历史文化名城、古建筑、古墓葬、石窟壁画以及各时代艺术品、文献资料等具有史料价值、科学价值与艺术价值的历史文物。我国在 1982 年制定了《中华人民共和国文物保护法》，在 1985 年正式加入了《保护世界文化与自然遗产公约》。从 2006 年起，我国将每年六月的第二个星期六作为"文化遗产日"。自 2017 年起，将"文化遗产日"调整设立为"文化和自然遗产日"。关于非物质文化遗产，联合国教科文组织在 2003 年的《保护非物质文化遗产公约》里明确定义：无形文化遗产是指被各群体、团体，有时为个人视为其文化遗产的各种实践、表演、表现形式、知识和技能及其有关的工具、实物、工艺品和文化场所。[①] 由此看来，非物质文化遗产是指各种以非物质形态存在的，与人们生活紧密相关的，通过时代承继下来的各种传统文化表现形式，主要依靠口头或动作方式，包括民族语言、民族神话、民族风俗习

---

① 联合国教科文组织第 32 届大会：《保护非物质文化遗产公约》，2003 年 10 月 17 日。

惯与民族音乐、民族舞蹈、民族绘画、民族雕刻等艺术形式以及传统手工技艺等传承。四川藏、羌、彝三个民族各自的非物质文化遗产都呈现出多样性，如同为民族史诗，藏族有格萨尔王系列，羌族有羌戈大战、禹的传说，彝族有支格阿鲁英雄史诗、毕阿史拉则传说；同为舞蹈形式，藏族有巴塘弦子舞、甘孜踢踏、石渠锅庄，羌族有羊皮鼓舞、沙朗舞，彝族有达体舞；同为藏族唐卡，甘孜地区有噶玛嘎孜画派、勉唐画派、钦泽画派，阿坝有嘉绒唐卡；同为刺绣，藏绣、羌绣、彝绣在图案与针法上各不相同。这些非遗所呈现的不同文化内涵与不同技艺形式，反映了民族文化的多样性。正是这些多样丰富的非遗表现出各民族的原始图腾、宗教信仰、历史文化、生产生活方式及民情风俗，代代流传，产生了广泛影响，成为民族历史文化的活化石和民族共有的认同记忆。非物质文化遗产作为人类文化的精神记忆与物态延续，在文明发展史上占有重要地位。丰富多彩的民族文化是各民族的特征标志，也是民族间来往交流的基础，因为相距相异，所以容易产生距离美、差异美，从而彼此吸引。许多民族文化符号不仅具备该民族独特的象征意义，其作为民族标识，还拥有高度的凝聚力、影响力和传承的生命力，能唤起族人对祖先流传下来的历史文化的认同，强化民族文化自信感和文化自觉意识。这些标志性的文化记忆符号，也会伴随民族社会的变迁，适应不同的时代语境而传承下来。

非物质文化遗产最显著的特征是不会脱离民族特殊的生活生产方式，是民族个性文化、民族精神信仰与审美心理的活态再现。它依托于民族而存在，以声音、形象或技艺形态为表现手段，其延续方式大多为言传身教，所以被称为"流动的记忆""活着的文化"。由于非遗对传承人和传承方式的依附，其面临着

"人亡艺亡"的困境，所以在非物质文化遗产的传承中，通过评判非遗的特殊价值形态以探寻最合适的保护传承方式显得异常重要。联合国教科文组织认为，非物质文化遗产具有反映文化特性、激发文化原创力与维护文化多样性的重要价值，是世界多元文化的重要组成部分，并在1998年设立的非物质文化遗产评选标准里明确规定了非物质文化遗产申报评选的三项基本条件，包括艺术内涵与价值维度、现实处境和濒危状况以及是否拥有完整的保护方案。从以上条件可以看出，保护传承非遗是在明确非遗分类属性与价值标准的前提下，依据非遗的历史作用和现实传承需要拟定和实施抢救保护方案。

尊重与肯定文化多样性是当今世界多数国家认同的国际关系准则。西方经济学家斯蒂芬·玛格林认为：文化多样性可能是人类这一物种继续生存下去的关键。[①] 人类文化由许许多多别具特点的文化个体构成，这些单一文化个体只有与其他文化相区别，才能在人类文明中凸显出来，是文化个性成就了文化多样性，文化多样性又是文化被历史铭记的标识，是人类历史文化发展进程最显著的特征，也是文化得以存活和发展、全球文化实现共存共荣的物质与精神维系。吉登斯说：在全球化社会快速变革的时代，越来越多的国家面临着族群多样性带来的利益机遇与复杂挑战。今天世界上许多国家都以多族群的人口为特征，多族群社会曾经采纳过同化、熔炉与文化多元主义这三种主要的族群融合模式，其中文化多元主义观点认为最合适的路线是发展一个真正多元的社会。当少数族群适应了他们认为的更为广阔和适宜的社会

---

① 转引自《世界文化报告：文化的多样性、冲突与多元共存（2000）》，北京大学出版社，2002年版，第159页。

环境的时候，多样性也就产生了。在这个社会里承认族群差异作为更大范围的国民生活的重要组成部分，承认其他亚文化的合法性而受到尊重和赞扬。①

2005 年第 33 届联合国教科文组织大会通过了《保护和促进文化表现形式多样性公约》，该公约将"文化多样性"定义为用以体现各群体及社会多种文化的不同形式，这些多样的文化形式在这些群体和社会内部以及不同群体和社会之间实现传承。具体包括在不同文化背景或同一文化背景下，因文化背景的差异而反映出的人类各具特色的生活生产方式，人类对生物多样性与文化多样性保护和持续利用方式的多元化以及在不同文化环境中人类应对各自生存环境而采取的多样化方式。现代化、全球化的发展在加速人类物质文明进程的同时也减少了文化的多样性，所以在全球化、网络化影响冲击下，文化本土化与多元化也备受关注，对物质文化多样性和非物质文化多样性的保护势在必行。20 世纪 90 年代，世界各地开展了如火如荼的保护文化多样性运动，21 世纪初联合国教科文组织通过《世界文化多样性宣言》，确定"世界文化多样性促进对话和发展日"，以此给人们提供更多加深了解彼此文化多样性和价值的机会，推进了世界不同文明之间的对话，增进了人类对文化多样性与文明包容性的意识。这一切举动都旨在减少和消除世界文明两极分化和成见，增进来自不同地域不同文化背景的人们之间的了解与合作。

联合国教科文组织 2008 年至 2013 年的中期战略规划还制定了促进文化多样性、不同文化间对话及和平文化的总目标。文化

---

① ［英］安东尼·吉登斯：《社会学（第 4 版）》，赵旭东、齐心、王兵等译，北京大学出版社，2003 年版，第 247—248 页。

多样性不仅体现在人类文化遗产通过丰富多彩的文化表现形式来表达、弘扬和传承，也体现在借助各种方式和技术进行的艺术创造、生产、传播、销售和消费。文化多样性是人类社会的基本特征，也是人类文明进步的重要源动力，在全球化浪潮中，既要认同本民族文化，又要尊重其他民族文化，做到相互借鉴、求同存异，维护世界文化多样性，共同促进人类文明繁荣进步。民族是非物质文化遗产的拥有者，非物质文化遗产是民族文化的有机部分。尊重文化多样性，首先应从尊重珍视、培育发展好自身民族文化实践做起。在世界经济一体化、信息全球化的背景下，来自不同民族、不同国家、不同地域的文明相互浸染，不同民族的文化在一定程度上呈现整体性、一体化的趋势，诸如一些民族在饮食、服装、娱乐方式等方面出现了趋同的现象。国际社会也一度担心全球化进程将破坏文化多样性，导致世界文化的趋同，故保护文化多样性的话题始终是焦点和热点。

文化具有特定时空的界限与特征，代表着一定时空下人们共享的意义、信仰与价值，是人们思维模式、审美观念、行为准则的反映。然而当今时代，凝聚各色文化的文化产品、整齐划一的文化产业充斥着全球文化市场，文化作为商品符号在市场消费中被削减了异质性而更多地趋向同一性。这对文化多样性保护来说是一种挑战。面对全球化、一体化给文化多样性带来的不利影响，一些弱势文化面临保护困境，甚至濒临消亡。为此，不少国家十分重视保护和传承本民族文化的多样性，依靠民众和社会团体的支持，让传统民族文化的发展得到有效的推动。联合国教科文组织非物质文化遗产部主任塞西尔·杜维勒曾谈道："文化多样性之于人类社会，就如同生物多样性之于自然界，其重要性不言而喻。"① 他认为应在不同文化之间实现一种平衡，以此鼓励和帮助每一种文化的推广交流、繁荣发展，促进文化产品的输出输入，这样才有利于世界各民族文化的交流与互相促进。

近年来中国政府维护文化多样性的工作颇见成效，2008 年至今，中国申报的非物质文化遗产项目数量均位居世界之首。一些学者也就维护文化多样性，避免文化同质化发表了看法，如中国艺术研究院研究员王能宪提出维护文化多样性应该纠偏文化趋同：文化多样化抗衡着文化趋同与同质化。不同民族和不同地域的文化应当相互尊重，在交流互动中各民族应该既保持自己的文化传统，又学习其他文化的长处，取长补短共存共荣，文化多样化需要付诸实践。② 这样的观点对避免少数民族文化趋同化，实现文化多样化的抗衡是有积极参考意义的。在对少数民族文化同质化与多样化的讨论中，相关学者发表了各自的意见，较多的观点都趋同于肯定民族文化多元性的积极作用。单世联认为，要将世界上各民族长期形成的千差万别的文化变成一种同质的文化，要将每个民族对自己身份的认同感、文化的归属感，以及伴随这种认同感和归属感而来的文化尊严抹掉，是不可能的事情。更何况，同质文化也是不能满足全球各色公民的文化需求的。在全球文化的共生共存中，本土文化以自己的方式迎接外来文化的挑战，最终形成一种妥协的、谈判的，也是综合的文化形态。③ 在批评全球文化同质化的同时，他对本土文化如何对抗外来文化的

① 赵少华：《文化多样化持续推进》，《人民日报》，2012 年 12 月 13 日，第 23 版。

② 赵少华：《文化多样化持续推进》，《人民日报》，2012 年 12 月 13 日，第 23 版。

③ 单世联：《全球化时代的文化多样性》，《天津社会科学》，2005 年第 2 期。

影响也提出了自己的意见，认为在"妥协谈判"的基础上形成的"综合文化形态"的看法，有其存在的合理性。

我国是多民族国家，各民族悠久的历史文化为我们提供了深厚宝贵的物质资源与精神财富。少数民族非物质文化遗产作为中华民族非物质文化遗产的一大分支，具有重要的文化价值，但由于各种原因，相关发掘保护工作还远远不够。目前国家通过各种途径加大对少数民族非物质文化遗产的抢救与保护力度，形成由政府主导、社会共同参与的协作模式。在落实各种保护政策和措施过程中，要尊重不同民族文化的多样性，才能使各民族文化拥有平等地位。尊重文化多样性是发展本民族文化的内在要求，也是繁荣世界文化的必然要求。因此，我们应坚持保持各民族文化差异和维护其平等竞争的权利，维护文化平等互动的交流，让各民族丰富性、多元化的文化得到全面有效的保护与传承。丰富多彩的少数民族非物质文化遗产符号，构成了多元人类文化的重要部分。清华大学国家文化产业研究中心主任熊澄宇曾在藏羌彝文化产业走廊的调研中感叹"我被少数民族文化丰富的多样性震撼了"[①]。少数民族非物质文化反映了少数民族文化的历史与现状，拥有史料的、艺术的、经济的多重价值。主流文化与亚文化构成了多元文化，少数民族非物质文化遗产包含了大量非主流的、陌生化的、异质的甚至超常性的文化元素符号，丰富了单调的主流文化，标出了民族特色，能满足人们求新猎奇的心理，具有潜在的开发利用价值，是多元文化重要的组成部分，增强了人类文化的创新力。同时，我国多民族文化的悠久历史和丰富多样彰显了

---

① 姬小梅：《藏羌彝文化产业走廊是一项国家战略——专访清华大学国家文化产业研究中心主任熊澄宇》，中国社会科学网，2014年12月11日。

我国文化多样性的魅力，为国际跨文化交流提供了基础且提升了我国文化影响力。从这个角度来说，全球化为维护文化多样性创造了更好的机遇，如美国学者阿尔布劳所言：全球化时代给文化观念带来的最大最新的意义，实际上就是使种种隔膜与界限失效，并使许多成分从以前话语的种种限制与禁锢中解放出来。①尊重文化多样性，加强文化交流，促进民族文化交流和各色文化传播，能增强少数民族同胞对国家的认同，有利于各民族和睦相处、多样文化交融发展和国家安全、社会稳定。

二、民族文化记忆与身份认同

文化自信源于文化记忆，文化记忆强化文化自信。"文化"是一个广义而抽象的概念，人类发展历史过程中积累的一切生活经验和对世界认识的总和，无论是有形文化抑或无形文化，都包含着人类的智慧及其向往的生存方式。从人类文明进化规律的意义上讲，"物竞天择，适者生存"的观念同样适应各民族文化生存发展的变化。文化记忆是一个集体概念，它指所有通过一个社会的互动框架指导行为和经验的知识，都是在反复进行的社会实践中一代代地获得的知识。②在漫长的历史中，那些精粹的有生命力的文化，也会随着社会发展时代变迁，不断地注入新鲜的血液，依然丰厚鲜活，延续着一个个民族的精神。文化记忆是一个过程，是人类历史阶段的叠加，是有关记忆的历史，对文化的追

---

① ［英］马丁·阿尔布劳：《全球时代——超越现代性之外的国家和社会》，高湘泽、冯玲译，北京：商务印书馆，2001年版，第228页。

② ［德］简·奥斯曼：《集体记忆与文化身份》，陶东风译，载于陶东风、周宪主编：《文化研究》第11辑，北京：社会科学文献出版社，2011年版，第4页。

忆实质是人类对自我不断反思与确认的过程，也是证实自我作为历史创造者集体成员身份的过程，包括个体意识，也包括集体意识。文化记忆由特定社会特定时期拥有和使用的文化符号系统构成，包括语言符号系统和非语言符号系统，由这些具有象征意义的符号系统传递和表述了一个社会。记忆是过去的再现，成就了历史，积淀了文化，是人类对主客观世界的认知与建构，是人类维持其本质而代代承继的方式。

在各民族非物质文化遗产中，如民俗传统节日的仪式典礼等集体活动，不仅集中展现了民族的多样文化，还反映出这些文化元素在时代变迁中的承继与变异现象，是民族文化的一种流动性记忆过程。族群内部成员凭借文化记忆实现交流互动，族群与族群之间也凭借各自的文化记忆进行区分与交流，文化记忆即族群的身份标识，了解与认知文化记忆影响民族文化的沟通与认同。单世联认为，从文化理论上讲，民族国家本身是否能够成为一种文化共同体的单位，是否构成了一个同质性并足以与外部世界划出明晰界限的独特实体等都是需要讨论的。文化的概念有时小于国家概念，任何一个主权国家内的文化都远不是同质的，即使由单一民族构成的国家内部，其中也有各种各样的亚文化群体。从文化实践上说，现代国家的目标之一就是创造一种共同文化。①故文化传承的重要目的是记忆和认同，文化记忆和身份认同得益于群体传播的效力。从阿什与谢里夫关于群体压力与群体规范的研究来看，构成族群文化的传统习俗、伦理道德、价值观念、精神信仰等部分可以理解为群体规范和群体压力，也是族群群体规范和压力形成了族群的文化记忆，影响着族群的身份认同。每一

---

① 单世联：《全球化时代的文化多样性》，《天津社会科学》，2005年第2期。

个民族族群记忆和族群认同的形成都会受到这个族群群体意识、规范和压力的影响，这些因素又构成了这个族群的群体性传播条件。而群体性传播可以形成群体意识和群体结构，是群体规范意识和行为的来源，也是维系群体生存发展的重要条件。群体意识、群体规则和群体认同形成后又会影响群体传播，影响族群个体思想态度、行为观念。① 群体认同源于族群群体情感和族群成员的归属意识。族群价值观念形成族群群体规范。这种规范一旦形成，会协调族群活动、维护群体自我同一性，给族群成员提供安全感。这样的族群规范不仅起到内部协调的作用，而且对来自族群外的信息产生重要影响。族群意识越强，成员归属感越强，对群体的认同感也越强。对于民族文化传播的效用，从族群内部来说，可以增强族群成员的归属感和认同感；从群体压力和暗示感染、趋同心理机制来说，传播可以通过文化场域的历史再现感染情绪，唤起族群成员的集体意识以及对文化共同体的归属与想象。文化记忆可以由族群语言和非语言符号组成，也凭借这些符号实现族群内外传播的象征互动。这样的传播过程又具有确认族群成员身份和群体关系的特征，因为文化记忆是族群知识的积累与汇聚，族群成员可以在共同的记忆里找到自我与集体的意识观念与认同感。文化记忆还是一个现实而流动的过程，既承继过往又紧扣现实，不仅再现了族群历史情景，也在现实语境里进行意义的表征、传达以及价值反思和自我重构。

法国社会学家涂尔干提出集体欢腾概念，所谓集体欢腾可以理解为人类文化创造力的孕育之地，在仪式、典礼等集体活动中，社会或群体会展示出巨大的创造力；是集体记忆填补了欢腾

---

① 郭庆光：《传播学教程》，中国人民大学出版社，2011 年版，第 80—81 页。

时期与日常生活之间的空白，也使记忆在单调乏味的日常生活中得到解放和保持鲜活。① 一个族群关于过去的记忆，则是这个群体的文化记忆。文化记忆是一种借助仪式和文本的内在一致性来建立群体身份的连接结构，文化记忆就是保存意义和价值的手段。② 这种记忆可以表现为客观的物质实体，如雕像、纪念碑、文化地域空间，或者是一些精神性的象征符号，代表着这个群体共同的集体表征，从时间的维度上体现了一种纵深的承继关系，能够将这个族群的历史与现实联系起来；从空间的维度上讲，又包括了族群价值观和伦理规范，维系着这个群体的生存发展，也体现了文化记忆的价值功能。人类记忆维度的延续与拓展亦可通过继承发展人类的文化记忆而实现，故族群社会可以借助承袭本民族的文化记忆的途径，保存该族群世代相传的群体记忆，来确保其文化的连续性，并传承给年轻一代，实现文化认同和文化身份重构。

作为民族记忆的民族文化，便是族群的集体人格、集体记忆的体现。因此文化记忆首先是对历史事实的确凿回忆与证明，其本身即是对民族文化的诠释。本书认为值得探讨的是，民族文化如何被选择、发展和变迁，如何保持沿袭民族精神气魄，并得到继承与创新。所以，这里关于文化记忆的理解侧重于民族历史的认知与认同、传承与延续，以及在现实场域里的活态流变。这种记忆的延续与发展是伴随着社会历史空间的发展变迁的，在特定的文化空间与社会场域里，个体记忆与集体记忆才能得以保存和

---

① 赵静蓉：《文化记忆与身份认同》，上海：上海三联书店，2015 年版，第 13 页。

② 赵静蓉：《文化记忆与身份认同》，上海：上海三联书店，2015 年版，第 16 页。

传承。文化传承正是文化在一个群体的社会成员中实现代际相传的纵向交接过程。这个过程因受生存环境和文化背景的制约而显现了强制性与模式化特征，最终影响文化传承机制的形成。文化传承作为反映文化民族性的基本机制，和用以维系民族共同体的内在原因，使人类文化在历史发展中维持稳定性、完整性和延续性的态势。而文化态势的强弱又构成了一个群体的内聚力和文化认同的基础，影响着该群体文化生成的集体记忆的维系，最终将影响这个群体的生命力和文化创造力。

从历史记忆与活态发展的角度研究如何传播少数民族非物质文化遗产，能使我们深刻认识少数民族文化在历史进程中的作用及其现实生存需要。少数民族非遗经历了漫长的历史，积淀了各少数民族在生产劳动、创造发明、文化艺术以及日常生活中形成的生存意识、群体意识、民情风俗、价值观念，这些因素构成了富有特殊意义的民族精神和民族文化。民族文化象征符正代表着集体记忆，是民族文化精神的融合体。少数民族非物质文化遗产展现的是民族文化的集体记忆，正是这些记忆延续着民族的历史、现实与未来，展现着民族的生命活力与创造力。文化记忆需要在传承中实现认同。英国心理学家泰弗尔在 1972 年提出了"社会认同"的经典定义："个体知晓他/她归属于特定的社会群体，而且他/她所获得的群体资格会赋予其某种情感和价值意义。"① 所谓的认同，是指群体或个人在社会交往中，通过语言、行为所体现的思想感情、精神意志、价值观念的交流，使双方在融合的基础上达成共识。民族文化中的各种内容与形式以及国家

_____

① ［澳］迈克尔·A 豪格、［英］多米尼克·阿布拉姆斯：《社会认同过程》，高明华译，北京：中国人民大学出版社，2011 年，第 4—9 页。

的制度、经济状况、社会风气都能作为认同的媒介。认同的实质是主体对自我的身份确认，是主体社会和外在世界的相互平衡与自觉。简单说来，文化身份认同从历时性层面来看，是个体自我的历史建构过程，包括过去、现在、未来三个维度；从共时性层面看，身份认同是一个社会建构过程，因为人的个性塑造是在社会环境中完成的；从民族文化的角度讲，符号认同意味着身份认同，民族文化是一种象征，代表着族群集体记忆。

20 世纪八九十年代我国加入了保护世界文化遗产行列，21 世纪初又加入《联合国保护非物质文化遗产公约》，体现了我国对维护人类文化多样性、保护发展民族文化工作的重视。多民族国家的民族文化建设关系民族团结与国家的稳定发展。稳定是发展的前提，社会不稳定，发展就没有保证。保持民族地区的和谐稳定是一项长期而艰巨的工作，维护团结稳定需要各民族对国家的强烈认同，需要民族间的和谐共处，需要民族地区经济文化的繁荣发展。文化作为人们沟通的桥梁和情感联系的纽带，常常在社会中起到"润滑剂""减压阀"和"稳定器"作用。本尼迪克特·安德森在《想象的共同体》中谈道：从国家政治层面上看，民族主义的情感与理念是一种可以维系和巩固政治共同体的凝聚力和共识的极为珍贵的'天然'政治资源。甚至驱使数以百万计的人们甘愿为民族，这个有限的想象，去屠杀或从容赴死。① 在社会变迁中积淀成的民族文化记忆，成就了民族无形的价值规范，族群成员对族群价值规范的归属感，反映了对族群文化记忆的归属感，也体现了对自我身份的确认和对族群的认同。

---

① ［美］本尼迪克特·安德森：《想象的共同体——民族主义的起源与散布》，吴睿人译，上海：上海人民出版社，2003 年版，第 7 页。

民族文化符号之所以弥足珍贵，正是因为它们具备该民族独特的象征意义，作为民族标识，拥有高度的凝聚力、影响力和传承的生命力，这些标志性的文化记忆符号，会伴随民族社会的变迁，适应不同的时代语境而传承下来。不同语境的文化记忆象征符号都发挥着连接过去、现实与未来的桥梁作用，所以保存和传承共同的文化记忆对于增强个体的群体归属感，维持族群认同、社会认同具有积极的意义。族群能认同祖先开创的历史和流传下来的文化，就能强化民族文化自信和文化自觉意识。族群成员个体对民族文化的价值取向以及文化归属感，也取决于对民族文化内涵与精神的认同。因而寻找和重塑社会文化记忆是民族生存、国家发展的需要。随着全球化、现代化、都市文明的推进，身份焦虑成了现代人感同身受的现实问题。习近平总书记在党的十九大报告中指出："文化自信，是更基础、更广泛、更深厚的自信。在 5000 多年文明发展中孕育的中华优秀传统文化，在党和人民伟大斗争中孕育的革命文化和社会主义先进文化，积淀着中华民族最深层的精神追求，代表着中华民族独特的精神标识。"做好少数民族文化的保护和传承工作有益于维护民族团结，加强各民族交往、交流和交融，筑牢中华民族共同体意识，增进各族同胞对中华文化的认同。有了这种认同，民族文化才能得以有效地传承。各民族在不同时代都因为共同的生存环境和生存目标，维护着族群共创和继承的文化，代代相传，形成文化的接力机制，使民族文化历经漫长的岁月而具有相对的稳定性和完整性，从而能得以创造性、活态性地延续发展。这种既原始又具强大生命力的传承机制，是推动每个民族文化发展的根本动力。如果按照民族文化范式观的理解，民族记忆生成的过程包括了大量自我意象与集体意象的交融积淀，在代际相传中维持共同的文化记忆，形成民族文化传承的内部通道。

随着时代发展，大众传媒愈发深入到少数民族地区经济发展与文化传统展示、地方文化身份塑造以及族群与社区认同的建构和维系过程中来。基于社会认同论，社会是由人类根据不同的维度，比如民族、国家、种族、阶级、职业、性别、宗教等，所划分出来的社会范畴组成的，而社会范畴并非孤立存在的，一个范畴只有在与其他范畴进行对比或发生关联时才有意义，它不是抽象的，更不可能脱离现实世界。社会范畴之间必然会产生各种各样性质的关系，通过对这些关系的界定、理解和运用，人类建立了独特的社会结构。现代国家需要维护共同的文化来实现国家认同。正如齐格蒙德·鲍曼所讲，现代国家是一种设计权势，而设计则意味着对秩序和混乱间的差异作出界定，对恰当与不恰当作出甄别，也意味着以牺牲所有其他模式为代价，来使一种模式合法化。现代国家宣传某些模式，同时又着手消灭所有其他模式。总之，它促进相似性和齐一性。① 如果从民族文化认同的本质和内涵层面理解，文化认同表现为民族与民族之间、个人与族群之间产生的对文化形态和内涵的归属感。在群体认同中实现的自我认同感一旦形成，就具有精神倾向和价值观念的一致性。所以，随着社会环境和文化语境的变迁，继承和维系族群的风俗习惯等文化记忆对增强文化认同、文化自信和凝聚力来说非常重要。

在大众传播的视域里，国家对少数民族非遗进行保护传承的目的除了维护文化多样性，更在于维护或建构民族文化认同。通过少数民族非遗，文化记忆可以呈现、再现并实现民族身份认同

---

① ［英］齐格蒙德·鲍曼：《现代性与矛盾性》，邵迎生译，北京：商务印书馆，2003 年版，第 159 页。

的构建。但我们不能不看到，由于历史的转型，民族地区的生活方式和观念都发生了很大的变化，许多人没有保护传承非物质文化遗产的责任意识，忽视民俗礼仪，不愿意学习和继承传统文化技艺，许多非遗实物的珍贵资料和文字记载被毁弃，许多传统技艺濒临消亡，或因利益所需随意开发，一些靠口授和行为传承的文化遗产正在不断消失等。针对这些现象，大众传媒应该从民族文化认同和传承的意识出发，大力宣传非遗文化之于民族生存和发展的现实意义，为民族群体或个人的思想情感提供沟通交流和宣传引导的广阔平台。

保护与传承少数民族非遗的目的，不仅在于实现各民族成员对自身族群文化的认知、认同，更在于推动人们认识到国家文化的繁荣离不开各民族文化的发展，族群文化认同和国家文化认同休戚与共、命运相连。全球化语境下更需要强化国家认同的意识，族群文化认同和身份意识需统一在共同的目标框架下，通过文化寻根的方式和文化象征符号的互动影响，实现中华民族文化共同体的建构。从改革开放以来，我国对文化遗产保护传承工作采取了系列措施并取得了一定成效，尤其是在21世纪初加入联合国《保护非物质文化遗产公约》后，我国为保护传承非物质文化遗产制定了一系列相关政策，营建了有利于非遗保护传承与传播的社会环境。四川藏羌彝非遗作为重要的中华文化资源和民族记忆，对丰富中华文化以及人类文化多样性，加强民族文化交流与认同具有重要的意义。在新的历史条件下，四川地方政府高度重视藏羌彝非遗的保护传承与传播工作。

第三节　四川藏羌彝非遗传播的
国家政策与社会环境

研究四川藏羌彝非遗的保护传承与传播，不能不了解国家的相关政策和与之相互影响的社会环境。国家文化政策的制定和实施，保障着民族文化事业的发展推进，为少数民族非遗传播与社会环境的融合起着决定性的作用。研究大众传播视域里的少数民族非遗现象，必然需要对关于非遗的国家政策进行诠释，这也是媒介对民族文化政策传播阐释的重要内容，关系民族文化传播的方向、执行思路、执行措施与效果。文化政策是政府为达到所规划的文化目标而制定的总体方针策略、行动方案或行动准则，其呈现方式包括法律法规、行政指令规定、发展纲要、项目规划、行动计划等，其作用是规范或指导相关地区、相关部门、团体或个人的行动。这些政策与政策性的有关法规与规划对少数民族文化的保护传承及开发利用起着导向、保障、监督和协调等作用。政策环境是否良好，从大局上决定着少数民族文化发展的速度与质量。作为国家喉舌的大众传媒全力配合协助国家营造好文化传播的政策环境，是少数民族非遗实现活态传承发展和进一步获得广泛认知认同的有力保障。

一、少数民族非遗传播与政策环境

少数民族非遗传播的效果与国家政策环境有着紧密的关系。

国家制定的方针政策以及举措，为少数民族非物质文化遗产保护传承提供强有力的支持，并发挥巨大的推动作用。少数民族非物质文化遗产保护传承是代表国家意志的行为，它的实施发展需要制度的保障和社会文化环境的支持。在改革开放以前，政府关于少数民族非物质文化遗产的政策主要体现在对少数民族语言文字、宗教信仰、风俗习惯等方面的重视，相关政策规定不够明确，内容也很不全面。党的十一届三中全会后，我国在民族工作问题上调整重心，新制定了少数民族地区经济文化建设的方针政策，将少数民族文化政策上升至国家法律层面。1984 年 5 月颁布的《中华人民共和国民族区域自治法》规定了少数民族地区自主发展少数民族文化，强调保护少数民族非物质文化遗产，为保护少数民族文化提供了法律保障和制定规划措施的法律依据。有学者指出，随着改革开放的不断推进以及社会主义市场经济体制的逐渐建立和完善，少数民族文化政策在原有基础上开始创新和发展，政策内容也有所扩展，少数民族传统医药、少数民族传统体育等也被纳入少数民族文化保护的范畴之中；此外，党和政府还进一步建立了专业的少数民族文化保护机构，如全国少数民族古籍整理研究室等。① 少数民族非物质文化遗产保护传承是一项长期而巨大的工程，不可能在短期内全面推进规划的所有工作且取得理想的成效。这项意义重大的特殊文化工程面临社会转型、文化观念变化、市场经济的价值观变化、主流文化与流行文化关系、少数民族文化与汉文化关系以及经济条件等因素的制约与矛盾。国家作为这项工程的决策和监控主体，发挥着领导和指挥的

---

① 吴磊：《我国少数民族非物质文化遗产政策研究》，中央民族大学博士学位论文，2012 年。

核心作用，不断根据形势的发展变化，为少数民族非物质文化遗产保护传承工程创造强有力的推动条件。

21世纪以来，我国继续完善保护传承少数民族非物质文化遗产的政策。2000年我国文化部、国家民委下发了《关于进一步加强少数民族文化工作的意见》。这个重要文件不仅强调了保护少数民族传统文化的重要性，要扶持优秀的少数民族文化，同时明确提出要在有效保护的基础上合理开发利用少数民族文化遗产，要求"建立少数民族文化生态保护区""合理利用文化资源，促进少数民族地区文化产业发展"。随着少数民族地区发展工作的逐步推进，同年5月，国家文化部发文《关于实施西部大开发战略加强西部文化建设的意见》（文社图发〔2000〕19号），指出"西部各地文化部门要对民族地区的文化生态情况进行普查，加强对民族民间艺术资源的挖掘、研究和整理工作"。为了让全国各级政府和人民群众都高度重视少数民族文化的发展，2001年，国家制定的《中华人民共和国国民经济和社会发展第十个五年计划纲要》要求："加大支持力度，加快少数民族和民族地区经济与社会全面发展，重点支持少数民族地区……民族文化事业发展。"2003年1月，国家文化部、财政部、国家民委、中国文联联合启动中国民族民间文化保护工程，在颁布的《中国民族民间文化保护工程实施方案》中提出了保护工程的总体目标：通过保护工程建设使我国珍贵濒危并具有历史、文化和科学价值的民族民间文化得到有效保护，到2020年初步建立起比较完备的中国民族民间文化保护制度和保护体系，在全社会形成自觉保护民族民间文化的意识，基本实现民族民间文化保护工作的科学化、规范化、网络化、法制化。该方案还确定了保护对象、保护方式与实施内容，提出从2004年到2020年分为三个阶段的实施步骤，具体规定了 2004 年至 2008 年第一阶段的目标和工作任务，并制定了各项保障措施：在全面普查、摸清家底的基础上，制定民族民间文化保护规划；建立分级保护制度、保护体系和民族民间文化保护名录；利用现代科技手段，抢救与保护具有历史文化价值且濒危的民族民间文化传统，建立民族民间文化传承人命名保护制度，在民族民间文化形态保存完整并具有特殊价值、特色鲜明的地区，建立文化生态保护区。[①] 在传统文化生态保存比较完整的地区，要推动民族文化生态保护区的建立；对一些濒于灭绝的民族民间绝技、绝活等文化遗产要抓紧抢救和保护。

2005 年 12 月，党的十六大报告提出，要扶持重要文化遗产和优秀民间艺术保护传承工作。国务院《关于加强文化遗产保护的通知》明确了保护传承非物质文化遗产的价值意义，指出正确处理保护和利用的关系，保护为主、抢救第一、合理利用、传承发展；坚持非物质文化遗产保护的真实性和整体性，在有效保护的前提下合理利用，防止对非物质文化遗产的误解、歪曲或滥用，引导人们科学地认识非遗；通过全社会的努力，逐步建立起比较完备的、有中国特色的非物质文化遗产保护制度，使我国珍贵、濒危并具有历史、文化和科学价值的非物质文化遗产得到有效保护，并得以传承和发扬；进一步明确非遗工作的目标任务，确保在生产性保护中维护非遗的整体性与完整性，形成政府主导、社会广泛参与的非遗工作格局；等等。在保护传承实践工作中，形成符合我国国情、具有中国特色的非物质文化遗产保护体制，体现了我国从"文物"保护走向"文化遗产"保护的转变过

---

① 吴磊：《我国少数民族非物质文化遗产政策研究》，中央民族大学博士学位论文，2012 年。

程，文化遗产的保护内涵得以拓展与丰富。同年，国务院下发《关于加强文化遗产保护的通知》（国发〔2005〕42号），首次将少数民族非物质文化遗产的名称正式写入国家政策文本。该通知要求加强少数民族文化遗产和文化生态区的保护工作，特别强调扶持少数民族非物质文化遗产保护工作，在动态性的整体保护工作中，对濒临灭绝的文化生态区和少数民族文化遗产要加快列入保护名录，抓紧实施抢救工作。在"5·12"汶川特大地震后，国务院发出《国务院关于印发汶川地震灾后恢复重建总体规划的通知》（国发〔2008〕31号），为四川灾区抢救保护非物质文化遗产提供了政策支持和工作保障。四川省政府主管部门根据国务院通知精神，制定了《羌族文化生态保护实验区规划纲要》，在其总体目标中指出实施羌族文化生态区保护，是保持文化多样性、文化生态空间完整性、文化资源丰富性的重要方式之一。设立国家级羌族文化生态保护实验区的目标是通过保护措施的实施，在生态保护实验区内构建起人与社会、人与自然和谐共处的关系，使具有独特价值的羌族文化保持旺盛的生命力，促进社会主义文化的发展繁荣。在规划纲要的阶段性目标中，该纲要将2008年至2010年作为恢复重建阶段，要求完成恢复羌族文化原生态区的规划任务，对典型的建筑进行恢复性抢救，达到灾前原貌；尽快恢复羌族传统节日、文化活动等；对各县资源进行抢救、收集、整理，制定保护规划，尽快实施保护，同时根据各县实际情况，打造羌文化特色精品品牌，逐步形成"一县一品，一特色一产业"的格局。2011年至2015年为发展提高阶段，利用现代技术手段，传承、弘扬羌族文化遗产，发展文化产业项目。① 这些规划项目在国家和地方政府政策的保障下，逐一实施并取得了预期的效果。

随着我国文化建设形势的发展，国家更加重视对文化遗产的保护，不仅继续出台相关的政策文件，甚至立法加以保护。2011年中共中央十七届六中全会通过了《中共中央关于深化文化体制改革　推动社会主义文化大发展大繁荣若干重大问题的决定》，其中第五部分提到要"深入挖掘民族传统节日文化内涵，广泛开展优秀传统文化教育普及活动。发挥国民教育在文化传承创新中的基础性作用，增加优秀传统文化课程内容，加强优秀传统文化教学研究基地建设。大力推广和规范使用国家通用语言文字，科学保护各民族语言文字。繁荣发展少数民族文化事业，开展少数民族特色文化保护工作，加强少数民族语言文字党报党刊、广播影视节目、出版物等译制播出出版"。这些要求和举措进一步完善了少数民族非遗的保护与传播措施，体现了国家在保护和传播民族文化方面的全局意识和战略眼光。为了进一步加大对非物质文化遗产保护的力度，《中华人民共和国非物质文化遗产法》于2011年6月1日起正式施行。

在各地非物质文化遗产保护立法方面，一些少数民族相对集中的省份已经颁布施行了民族民间文化保护条例或非物质文化遗产保护条例，各地在建立各自民族文化保护生态区方面也积极探索制定保护规划。自改革开放以来，尤其是2003年联合国《保护非物质文化遗产公约》发布以来，四川快速将非物质文化遗产

---

① 四川省文化厅：《羌族文化生态保护实验区规划纲要》，四川省文化厅门户网站，2010年12月1日。

保护传承列入政府职能部门议事日程，积极主动开展相关工作。四川省文化厅在 2001 年成立《四川省民族民间传统文化保护条例》起草小组，经过几个月的民族县实地考察调研，针对四川区域少数民族非遗特点完成了条例初稿。2002 年为响应文化部发布的《关于加强全国艺术研究院所建设的意见》，四川省文化厅成立四川省文化艺术科研规划领导小组，开展相关民族文化艺术建设发展规划工作。2003 年成立四川省口头和非物质文化遗产保护工程领导小组，目标在于研究四川省民族民间文化保护工作所涉及的重大问题，协调各有关方面力量，共同做好全省民族民间文化保护工作。2004 年四川省制定了《关于加强我省世界遗产保护管理工作的意见》。2004 年 4 月，四川省民间歌舞"卡斯达温"被列入第二批国家级民族民间文化保护试点项目。2004 年 7 月 28 日，四川省文化厅、财政厅联合下发《关于实施四川省民族民间文化保护工程的通知》（川文发〔2004〕24 号）。2005 年 8 月，四川省组织专家奔赴阿坝州黑水县对民间歌舞"卡斯达温"进行考察，完成了卡斯达温原始风貌的音像录制工作，全面查清了该民族歌舞流行区域及保护现状，并对其代表性传承人进行登记，建立了较为完整的资料档案。根据 2005 年 12 月 22 日颁布的《国务院关于加强文化遗产保护的通知》，2006 年四川省人民政府颁布了《贯彻〈国务院关于加强文化遗产保护的通知〉的实施意见》（川府发〔2006〕21 号），明确了四川省文化遗产保护总体目标：到 2010 年建立起比较完备的文化遗产保护制度、保护机构，文化遗产保护状况得到明显改善；到 2015 年建立起较为完善的文化遗产保护体系，健全文化遗产保护法规，形成以政府投入为主、全社会共同参与的文化遗产保护机制和文化遗产保护与经济建设的良性互动模式，使保护文化遗产成为全社会的自觉行为，形成有四川地域特色的非遗保护制度。对少数民族非物质文化遗产保护特别作了具体规定，要求加强少数民族非物质文化遗产和文化生态区的保护，重点扶持少数民族非物质文化遗产保护工作，包括对非物质文化遗产丰富且传统生态保持较完整的区域，要有计划地进行动态的整体性保护；确属濒危的少数民族遗产和文化生态区要尽快列入保护名录，落实保护措施，抓紧抢救和保护；继续开展创建民间传统文化之乡活动，研究并探索对传统文化生态保持较完整且具有特殊价值的村落或特定区域进行动态整体性保护的方式；重视宣传教育，提高全社会的文化遗产保护意识，增强全民保护文化遗产的责任感、紧迫感，不断推进四川文化遗产保护工作迈上新台阶。在2006 年 5 月国务院公布的第一批国家级非物质文化遗产名录中，四川有 27 个项目上榜，其中少数民族地区 11 个。直至 2021 年5 月，在国务院公布的第五批国家级非遗名录中，四川少数民族地区有 43 项入选，藏羌彝非遗就占 41 项。在这些项目中，列入联合国非遗代表性项目的羌笛和格萨尔，列入我国国家级非遗代表项目的格萨尔、藏族唐卡、卡斯达温舞、巴塘弦子、瓦尔俄足节、羌绣、彝族火把节、克智等系列项目具有重要历史、文学、艺术、科学价值，最体现四川民族特色，得到了较好的保护传承和发展。[①]

2008 年汶川特大地震中，四川少数民族地区非物质文化遗产损失惨重。在当时已公布的 105 项国家级非遗名录中，有 20项严重受损。189 项省级非遗名录中 88 项受损。市州县级非遗

---

① 参见周鸿等：《四川有 4 项世界级 139 项国家级非遗项目保护工作成效显著》，四川新闻网，2015 年 8 月 3 日。

损毁严重，其中被掩埋、损坏的达 14369 件，文字资料 1774 万字，图片 24444 幅，音像资料 9497 盒。1100 多名国家、省市县级非物质文化遗产代表性传承人中 12 人遇难，105 人受伤，并有 66 个非遗专题博物馆、21 个民俗博物馆、325 个传习所受到不同程度损坏。北川羌族博物馆大量珍贵实物与普查资料被掩埋，茂县羌族博物馆成为危险建筑，藏羌碉楼受到破坏。① 汶川特大地震后，许多羌族人民面临严重的经济困难，被迫外出打工以维持生计，传统的仪式化活动、群体组织活动大为减少，难以形成文化保护环境氛围，也使政府对非遗的原有政策措施落实困难。为及时有效地抢救非物质文化遗产，四川省政府制定了《四川省非物质文化遗产保护恢复重建规划纲要》，并于 2008 年 12 月在四川成都成立了四川省非物质文化遗产保护中心。这些标志着四川非物质文化遗产保护、传承、建设、开发进入专业化、正规化阶段。从四川的国家级羌族文化生态保护实验区筹建项目启动以来，随着保护羌族碉楼、特色民居村落等标志性建筑的抢救工作开始，组织民俗节庆活动，建设非物质文化遗产生态保护区、民族传统节日标志地、非物质文化遗产馆等一系列保护传承工作相继展开。在国家和四川地方政府的大力支持下，自 2008 年"5·12"汶川特大地震灾后至 2021 年 9 月，中国成都国际非物质文化遗产节已成功举办 7 届，为国际非物质文化遗产营造了良好的展示交流环境，也为促进四川非物质文化遗产的保护传承和发展起到了很大推动作用。

根据《中华人民共和国非物质文化遗产法》等法律、行政法

---

① 何永斌、邹吉辉、李生军等：《四川民族地区国家级非物质文化遗产》，成都：四川大学出版社，2009 年版，第 12 页。

规，结合四川省非遗保护传承与传播的现实需要和发展需要，四川省保护非物质文化遗产政策文件《四川省非物质文化遗产条例》（2017 年）更加明确了非遗保护工作的主体和工作机制，将"政府主导、社会参与"作为非物质文化遗产保护工作的一项基本原则，确定了以县级以上人民政府、文化主管部门、与非遗保护相关的其他行政管理部门、专业保护机构为主，鼓励和支持公众参与的非物质文化遗产保护机制。该条例不仅针对非遗的保护传承，同时也针对非遗的传播制定了专门的条例。第四章"非物质文化遗产的传承与传播"鼓励和支持公民、法人和其他组织通过各种方式参与非物质文化遗产的传承与传播，规定县级以上地方人民政府文化主管部门根据需要，通过提供场地、经费资助等方式支持保护单位和传承人开展传承、传播活动；利用现有场馆、在新建公共文化设施中设立专门区域或者根据需要新建非物质文化遗产展示场馆，结合当地传统节庆、民间习俗以及文化和自然遗产日，开展代表性项目的收藏、展示和传播活动；开展非物质文化遗产的数字化保护和传播，建立数据库和数字化保护系统平台，方便公民、法人和其他组织进行资料查询和复制，支持非物质文化遗产保护技术研究、传播推广和成果转化；还专门规定了报刊、广播电视、互联网等媒体应当通过多种方式开展非物质文化遗产保护宣传，普及非物质文化遗产知识。[①] 2017 年 8 月，四川藏羌彝数字文化长廊建设启动，这为全面发掘、筛选、登记四川藏羌彝非遗项目，建立非遗资料数据库，进一步提升公共数字文化服务效能和增强民族文化交流力度，促进资源共享、

---

① 　四川省第十二届人民代表大会常务委员会第 87 号公告颁布，《四川省非物质文化遗产条例》，四川人大网，2017 年 6 月 5 日。

文化融合、文旅融合提供了更加便利的条件。

四川藏羌彝文化产业走廊、社会主义新农村建设、"一带一路"倡议都为四川藏羌彝非遗的保护传承与传播开创了良好的发展前景。这些国家相关政策法律措施的出台，形成了特定的组织性话语体系与符号传播体系，是国家意志在文化保护上的集中体现。良好的政策法治环境能为文化的传承发展营造和谐氛围，提供积极有利的发展生态。四川藏羌彝非物质文化遗产的保护传承与传播离不开国家层面的制度支持，也需要社会各界力量的参与介入，这样才能形成文化保护传承环境的顶层设计与民众合力推进的良好局面。

二、少数民族非遗传播与社会环境

保护文化多样性应该是一项全民参与的事业。全媒体时代，大众传媒在文化的保护和传承工作中，对于培育良好的传播环境，提高传受双方的媒介素养，主动塑造积极参与的传受群体尤其重要。就目前我国一些地区的情况来看，非遗保护传承工程实施主要是政府主导拍板立项，基层部门与民众的配合大多还是应景式的。关于非遗的宣传工作也是政府主导信源式的，主要是特定时段的、有组织的集体行为，并未形成自发式的个体、群体行为，而非遗的保护传承应该走向自发的全民式的文化保护传承，大众媒介建构公民积极参与社会文化保护的情境尤为重要。

关于媒介建构社会情境的意义，卡茨等认为，人们身处的社会情景与媒介需求生产的关系，包括社会情境创造对需要关注的问题意识，然后人们可以在媒体中寻找与问题相关的信息。媒体起到替代和补充现实需求的作用。对于社会情景引发的特定价值观，人们可以通过消费相关的媒体内容进一步得以确认和强化等。① 大众传媒在很大程度上创造着某种社会情境，影响着人们的价值观念与行为标准。大众传媒通过议程设置的作用和文化涵化功能，为建构保护传承少数民族非遗的社会环境营造良好的氛围，这对少数民族非遗的传播有重要作用。本书认为，如果对非遗的报道内容仅停留在政策宣传以及官方仪式活动上，不考虑受众群体的媒介接触习惯、兴趣、接受度等自变量，盲目单向宣传，应景式的报道加之赤裸裸的意识形态呈现，无非就是传播意义上"第三人效果"的体现。传媒对保护传承的宣导需要深入实地进行田野调查，了解民族文化资源土生土长的自然环境、社会背景和价值特征，以及所受到的族群内外影响力、保护传承方式和与外界交融交往现状等相关信息，才能避免出现跟风应景、形式化和同质化的传播现象。大众传媒在少数民族非物质文化遗产传播中，应具有强烈的职业责任感与媒介专业化精神，形成对少数民族非物质文化遗产重要价值的专业认知取向与传播方式，对非遗和非遗传承人现实境况进行客观的报道。非物质文化遗产的文化传承需要有广泛的社会基础，通过改善基础设施、营造社会文化环境、培养公民文化素养与文化自觉意识来实现。符号互动主义者认为，个体对文化和社会世界具有高度控制力。② 在少数民族非物质文化的传播工作中，培养大众个体的非遗媒介素养对于认知和理解非遗文化门类非常必要；大众只有获得认知和理解，才能激发兴趣，并积极参与进来。

---

① ［美］斯坦利·巴兰，丹尼斯·戴维斯：《大众传播理论：基础、争鸣与未来》，曹书乐译，清华大学出版社，2014年版，第259—260页。

② ［美］斯坦利·巴兰，丹尼斯·戴维斯：《大众传播理论：基础、争鸣与未来》，曹书乐译，清华大学出版社，2014年版，第331页。

　　广泛调动社会力量支持和参与非遗工作，需要大众传媒的宣传推介，还需要社会文化氛围的熏染影响。雷蒙·威廉斯针对不同文化的内涵与影响，从社会视角出发，认为文化是一种生活方式，体现了制度和日常行为的意义和价值。①文化具有有形的物质性和无形的精神性内涵，置身于社会环境之中的现实生活中，随时都在潜移默化地影响人们的思维方式和行为习惯。少数民族文化在人们的日常生活中产生影响的途径多种多样，予以专门的教育普及，将会产生更深远的社会影响。西班牙这一世界遗产大国在非遗的社会教育方面做了很好的示范，其教育部门在中小学校开设了保护世界遗产的专门课程，通过学校教育自小培养青少年认识、热爱和保护世界遗产的意识。我国也有一些民族地区将本地的非物质文化遗产编入中小学教材，以此作为培养民众非遗媒介素养的一条有效途径。在学校教育普及的今天，将少数民族非物质文化遗产编入教材，既可以加强人们对非遗的重视，同时也能让大众特别是年轻群体认识了解少数民族非遗，提高非遗的文化创造原动力。

　　21世纪以来，面对国内外复杂的意识形态环境，我国政府更加重视教育对青少年价值观培育、文化熏染的作用。教育部门也将一些体现民族特色与民族精神的优秀的非物质文化遗产内容编入了中小学教材。2017年启用的教育部统编中小学教材（"部编本"）三大特色之一便是更加注重对青少年的中华传统文化教育。这样的教材不仅弘扬中华民族博大精深的历史文化，歌颂劳动人民的优秀传统与智慧，也体现出保护少数民族非物质文化遗

---

　　①　王逢振、王晓路、张中载等：《文化研究选读》，北京：外语教学与研究出版社，2007年版，第3-51页。

产的重要意义，让青少年认识到少数民族非物质文化遗产的内涵与中华文明同根同源，增强他们对民族团结、传承弘扬中华文化的重要性的认识。为了让青少年进一步了解少数民族优秀的传统文化，还可以在少数民族地区建立非遗文化学习实践基地，鼓励青少年参与非遗的保护传承与传播，在亲身体验民族文化的过程中，增强对我国多民族国家的认同感。推进非物质文化遗产的传承与传播，需要进一步加强民族地区的学校教育改革，以社区教育等形式宣传推广非物质文化遗产知识，促进非物质文化遗产在现实生活中的活态化传承；将一些少数民族非遗内容的资料编入宣传手册发放，办墙报专栏展示，在大众媒介平台上开设少数民族非物质文化遗产讲坛；扩大宣传空间，开创新的文化交流环境，也是推进少数民族非物质文化遗产教育的重要措施。当下关于推进非遗中的民俗类展品进博物馆，调整博物馆开放时间等消息见诸媒体。

据媒体消息，近年来四川博物院和四川多家综合类博物馆推出错时、延时开放方案，在端午、中秋、国庆、元旦、春节等重大节假日也向市民免费和延时开放。博物馆错时、延时开放，实行文化服务与需求的精准"对表"，是扩大公共文化资源共享面，实现社会效益最大化的必然要求，也是人文城市应有的内在品质。① 目前，我国拥有国有和非国有博物馆五千多家，其中非国有博物馆一千多家。国有博物馆大多以收藏展示历史文物为主，而非国有博物馆主要展示非国有文物、标本、资料等。关于为广大群众服务的博物馆如何展示民族文化才能让大众感到平易近人

---

① 印荣生：《博物馆开放时间朝九晚五可惜了》，《成都商报》，2017 年 7 月 26 日。

和喜闻乐见，《人民日报》载文建议："在国有博物馆之外，非国有博物馆能不能与之形成有益补充，多一些有民族、民俗特色的博物馆？博物馆多一点'俗'气，皮影、印染、刺绣、雕刻等非物质文化遗产……博物馆定位可立足社区，与地域文化相生，与当地人的生活相融。"① 这样的提议是值得肯定的，地方应以博物馆为依托，在展示中宣传和开发文化，开展文化教育活动，促进社区文化建设，丰富人们的文化生活。各地博物馆因为内容的丰富与形式的多样，且具有专业性，比一般场地的展示更能体现对各民族文化遗产的宣传与保护作用。如四川省甘孜藏族自治州建成的格萨尔博物馆，在与各地观众的交流中，对保护传承藏族文化发挥了重要作用，并产生了广泛的影响。博物馆作为文化平台依托，可以进一步传播民族文化，拓展国内国外文化市场，吸引文化投资，整合文化资源。只有少数民族地区经济社会得以发展，基础设施建设得到保障，教育条件得到改善，非物质文化遗产事业才能得到有效推动。我们应该认识到，保护传承少数民族非物质文化遗产与发展少数民族地区社会经济，是相互推动、相辅相成的关系。

在保护传承实践中，应该充分发展以非遗为资源的文化产业，加大对非遗的生产性投入，使其在良性生产链上生成商业价值，为少数民族地区经济社会发展贡献力量。同时，只有地区经济社会发展了，才能为非遗保护传承提供物质与精神的保障和支撑。我国是一个历史悠久的多民族国家，各具地域性、特殊性的多民族文化在漫长的历史交融中形成了中华文化的多样性。在政

① 王珏：《博物馆不妨多点"俗"气》，《人民日报》，2017年7月27日，第19版。

府制定政策保护和鼓励下，各民族地区都在挖掘具有特色的民间资源，积极申报各类非物质文化遗产，通过大众媒体的宣传，提高当地非物质文化遗产的社会影响力，提高人们的关注度，形成良好的社会认同环境。同时注重少数民族非遗传承人的发现和培养，加强传统的文化非遗工艺继承。增强大众保护传承少数民族非物质文化遗产的意识并提高其参与的积极性，只有这样才能更好地推进少数民族非物质文化遗产保护传承工作。少数民族非物质文化遗产传播离不开文化传播的社会环境，这样的环境是由国家的历史文化传统、现实的社会文化传播氛围、全民的文化保护传承意识共同构成的。

由于四川藏羌彝民族都聚居在比较边远和贫困的地区，文化教育相对落后，这些地区对少数民族非遗的保护传承工作偏重有经济价值的开发项目，对非遗整体发掘与传播的观念不强，尤其是对一些鲜为外界所知的小众非遗项目重视力度不够。很典型的事例是羌族的"多声部"长期"养在深闺人未识"，以往人们普遍认为多声部音乐的起源是意大利，其实在我国的羌族以及侗族、苗族等少数民族音乐里，早就有了这种稀有美妙的多声部合唱法，只是在过去漫长的岁月中埋没深山。尽管近些年羌族的多声部已作为旅游资源登台展示，但对大众而言依然比较陌生。大众传媒应该多传播这类有民族传统艺术特色的小众非遗项目，让更多的人了解少数民族的艺术智慧和追求。此外，在少数民族音乐和乐器的保护传承方面，对小众化原生态的民族音乐及乐器的开发与传播也非常欠缺。"中国民族音乐在线"等网站主要反映的还是中华民族传统音乐中一些大类、知名类音乐及乐器，很少涉及小众化的少数民族乐音，往往遗漏了那些原生态的、更具有鲜明民族独特性的文化元素，更多推出的反而是一些具有广泛地理意义指称的大众皆知的民族乐音，如《美丽的草原我的家》《草原之夜》《谁见过梦中的草原梦中的河》等。产生这一现象的原因多归结于我们对那些民族本土化、原生态的文化元素发掘还不够，而这些文化元素往往是稀少而珍贵的。可加强大众传媒对少数民族非遗的呈现，多举办一些既体现少数民族原生态音乐特色，又符合当前大众接受特征的民族文化活动大赛，通过各媒体进行传播推广，用符合大众审美的方式对民族音乐进行改良，不断开发注入新的内容，扩大传播面，提高传播效力。

公民文化意识的提高、社会文化环境的培育，有利于文化的保护、传承和发展。可以说，现代媒介在文化环境的营建上发挥着举足轻重的作用。现代社会人们的生活离不开各式媒介，媒介为人们营建着客观世界的拟态环境，这样的拟态环境又左右着人们对生活环境的认识。美国传播学者巴伦在1967年发表的《对报纸的参与权》一文中指出社会参与的重要性，所谓"社会参与"是指社会公众的参与，即公众在政府决策过程及决策执行落实过程中，对执行内容、方式、程序以及各种问题调查的参与。从我国非物质文化遗产各项工作来看，我国高度重视非物质文化遗产的保护和传承，为非遗工作的开展提供了切实可行的政策保障，旨在发动社会各界，调动一切可以利用的力量、资源参与其中。纵观非遗工作整体部署，我们可以看到，国家在逐步对非物质文化遗产政策法律法规加以完善，推动建立中国特色非物质文化遗产保护制度；引导鼓励个人、企业和社会团体对非物质文化遗产保护工作进行资助；利用科研院所、高等院校的人才优势和科研优势，大力培养专门人才；发挥非物质文化遗产对广大未成年人进行传统文化教育和爱国主义教育的重要作用；各级图书馆、文化馆、博物馆、科技馆等公共文化机构积极开展对非物质文化遗产的传播和展示；教育部门和各级各类学校将优秀的、体现民族精神与民间特色的非物质文化遗产内容编入相关教材，开展教学活动。此外，国家还在非物质文化遗产的普查、保护、传承工作中，借助文字、录音、录像、数字化等多媒体技术，对非物质文化遗产进行真实、系统和全面的记录，建立档案和数据库，建立非物质文化遗产代表作名录。在这些措施中，大众传媒的记录功能、传播功能、宣传功能、引导功能、监督功能等，能够很好地普及保护知识，培养保护意识，在全社会形成共识，营造保护非物质文化遗产的良好氛围。这些功能散见于非物质文化遗产保护传承的各项工作中，发挥了举足轻重的作用。

传播学研究的目的是将理论运用于实践，实现传播效果的最大化，并非呈现脱离实际的纯观念认识。在对非遗的保护传承与传播中，四川省对传播的重视主要体现在非遗的实践方面，注重促进优秀传统文化的创造性转化和创新性发展。基于此，四川文化部门加强与各新闻媒体的联系和合作，将新闻媒体作为非遗保护的一支重要力量，主动邀请各媒体介入非遗保护工作，直接参与策划宣传活动。各媒体积极动员各种力量参与，着力构建全社会宣传非遗保护的系统化、常态化格局，提高了非遗活动的吸引力和影响力。据报道，成都在举办第六届国际非遗节筹备过程中，文化部和各地文化行政部门组织的传统表演艺术进社区活动，就有来自全国各地的 34 支参演队伍到成都 22 个区县的城乡社区，开展近 400 场非遗艺术的展示与表演。①

近年来，我国逐步构建起常态化、专业化的全媒体非遗传播

---

① 但唐文：《第六届中国成都国际非遗节新闻发布会在京举行》，成都全搜索新闻网，2017 年 5 月 23 日。

格局，非遗的保护传承意识也逐渐深入人心。2019 年"文化和自然遗产日"非遗全国主会场活动在广州举办，其间全国共举办大中型非遗宣传展示活动达 3200 多项，活动特别节目《非遗公开课》在央视综合频道黄金时段播出，广受观众好评。截至 2021 年 9 月，中国成都国际非物质文化遗产节已连续举办 7 届，中国非物质文化遗产博览会已连续举办 6 届，有效提升了人民群众对非遗保护的认同感、参与感。2013 年以来，全国开展非遗宣传展示活动约 39 万场次，参与观众约 6.5 亿人次，全面展示了非遗保护工作取得的优秀实践成果。非遗保护已经成为社会广泛关注、群众踊跃参与的一项重要民生工程，让广大民众感受到全国各地不同非遗项目的魅力。这些活动经过媒体的及时宣传报道，建立了非遗保护传承与传播的良性循环与互动关系。

大众传媒可以通过搭建公共领域平台，调动广泛的社会力量，形成全民参与式的文化传承环境，体现公共领域的公开性和开放性特点。参与国家政治生活和社会公共事务是公民的基本权利。现代社会强调和倡导公民个人或公民群体以多种方式积极参与社会公共生活。民众的参与同非物质文化遗产保护传承政策的执行联系密切。从非物质文化遗产保护的目的和宗旨来看，非物质文化遗产保护需要公民的广泛参与，并且涉及各群体、社团。良好的公民文化环境是非物质文化遗产政策顺利制定和实施的保障。政府和相关部门应起到领导和组织协调的作用，通过建立高效可行的政策措施，号召各界社会团体，广泛吸纳相关社会资源、力量，共同开展非物质文化遗产保护工作。社会各界力量汇聚到非遗的保护与开发工作中，就能形成多层次、多渠道、强有力的发展优势。除了注重鼓励个人、社会团体和企业资助或开发非物质文化遗产保护，号召广大群众关注和参与保护非遗的义务活动，更应该重视非物质文化遗产保护专门人才的培养，组建高素质的专门队伍，常态化地进行非遗的调查研究、保护和传播工作。

文化遗产的保护传承属于全人类全社会的共同事业，而不仅仅是政府的或某些专业机构的工作。包括少数民族非物质文化遗产在内的民族民间传统文化不能脱离社区，不能脱离大众，更不能脱离社会生活而存在，它本身就是由大众所创造、传承和发展而来的，因此，它的保护主体也应该是普通民众。目前一些盲目追求政绩和经济效益的行为已经使得部分民族民间文化远离其原生态的生存空间和民众生活。针对这些不良现象，可以通过大众传媒宣传引导或开展社会民众的遗产保护教育工作，让文化工作中"不在场"的传承主体返回原位，使其真正获得非遗所带来的文化与经济收益。除了利用基层社会的非遗项目促进基层文化教育的发展，还可以利用非遗中那些具有公共性、共享性的项目，使之成为群众日常的公共文化生活。总之，形成社会参与式的文化传承环境需要培养全民文化自觉意识；营造良好文化保护环境的关键是通过遗产教育提高民众的非物质文化遗产保护意识。

第二章　四川藏羌彝非遗仪式传播的组织和自发行为

　　四川藏羌彝地区非遗项目，尤其是藏羌彝传统民族节日庆典活动，展现了文化的仪式传播内容和特点。无论是藏历年、羌年、彝族年，还是火把节、瓦尔俄足节等传统重大节日活动，无一不是当地政府与有关部门有计划组织的，对这些活动的宣传报道也与当地主管部门的策划和安排有关。政府的行为和媒体的行为在仪式传播中的地位、影响、角色、功能不同，但都起到了显著的推动作用。这种作用在非遗的保护传承中是不可或缺的，但如果极端片面地发挥这种作用，则对非遗的传承是有负面影响的。十余年来，藏羌彝民族地区的政府和有关部门组织的各种仪式化非遗活动，在传播上扩大了非遗的影响，给少数民族地区的民族团结、民族教育和文化发展，给地方旅游资源、经济发展都带来了实惠。但由于一些仪式化活动对非遗本质与精神有所偏离，或对少数民族群众现实愿望有所背离，仪式传播中的非遗活动并没有产生良好效应。正确认识和运用仪式传播对于非遗的传播有着积极的现实意义。

第一节　仪式传播的理念与现实意义

近年来，凯瑞的传播仪式观受到国内外传播界的重视，凯瑞从仪式观的角度分析阐释人的社会传播行为，将传播从单纯的信息传递拓展至仪式传播的范畴。目前相关的研究大多是对凯瑞理论概念的解析和阐释，也有学者采用民族志等研究方法对中国本土的仪式传播进行研究，但也缺乏经验与典型的客体分析。从凯瑞提出的传播仪式观的内涵来看，其与非遗传播的内容、性质和效果都有许多联系，研究认知其理论主张对非遗传播是有积极现实意义的。

一、仪式传播的理念

关于仪式，从不同的认知角度有不同的概念与阐释。自人类有文化和宗教信仰以来，族群或部落的各种聚会都离不开仪式。在众多的仪式概念中，法国社会学家涂尔干的看法是颇有代表性的，他指出了仪式的形式特征及审美意义：仪式中既有供奉，也有模仿仪轨，不仅追忆了过去，还借助名副其实的戏剧表现方式将过去呈现出来，这就是仪式的全部内容。① 不同的仪式包含着召唤与相聚、权力与崇敬、愿景与成效、礼仪与程序的观念与行

---

① 转引自肖荣春：《仪式传播研究：概念、现状与问题》，《今传媒》，2014 年第 9 期。

为，这一切构成的系列文化符号影响族群的生存理念、文化观念以及价值观念。有学者认为，以传播为主体的个体行为，往往具有模仿性、重复性（可预见性）、表演性、形式化和超凡性（超验性）的特征，因而具有仪式化的特征。通过这些行为，社会认同得以确认，社会关系得以创造和维系。传播的社会序化和凝聚功能正是通过形式化和仪式化的符号互动而实现的。① 仪式通常被认为是具有行为的表演性、意义的象征性、文化的规约性的一系列程序化活动。

仪式以还原历史场景的方式，传递着一个民族的生活环境、风俗习惯、价值信仰等信息。如历代的祭祀仪式、加冕仪式、庆典仪式就是维护社稷、宗族关系和伦理道德的一种重要仪式，是古代重要的思想意识传播方式与工具。无论社会怎样发展，人们的生存方式都会与不同的仪式有关，有学者认为，在科学与理性主导的现代社会中，仪式并没有在社会的变迁中消亡。相反，仪式保持了旺盛的生命力，它与新的社会形态情景融合在一起，以一种新的形式或种类遍布于社会生活的方方面面。② 凯瑞从传统的"传递观"中独立出"仪式观"，倡导关注传播研究的文化转向，用"仪式"思维理解人类传播活动。他认为传播的传递观强调信息的传输过程，诸如发送、传递等，从一端传送到另一端，是以控制为目的；而传播的仪式观则强调参与、分享、联合以及拥有共同的信仰，并不是信息在时空意义的扩张，而是在时间意

---

① 刘建明、徐开彬：《"仪式"作为传播的隐喻之原因探析》，《湖北大学学报（哲学社会科学版）》，2015年第4期。

② 肖荣春：《仪式传播研究：概念、现状与问题》，《今传媒》，2014年第9期。

义上对社会的维系，不是分享信息的行为，而是共享信仰的表征。① 通过对不同传播观念的阐释，他选择了新的研究路径与策略，进而阐明传播研究的文化取向的重要性，强调传播之于受众心理接受及社会影响的实际作用。他的看法引起学界不少反思与回应。美国传播学者罗斯布勒进一步阐释了凯瑞仪式传播的思路，指出任何形式的仪式都是一种传播，仪式通常以符号行为的方式呈现于社会情境之中，仪式以最基本的信念与价值为基础，编码了符号和意义系统的逻辑，仪式的这些特点使其成为最有效的传播形式。② 他直接概括了传播仪式观的核心内涵，提出"仪式即传播，传播即仪式"的观点。陈力丹等学者在关于传播"仪式观"的讨论中认为，仪式观具有理论的启发性和开拓性，仪式观因强调公众之间交流与沟通过程中经验与意义的共享，能够巩固共同体。③ 传播仪式的理论在我国引起学界的关注，对其的研究主要体现在两个层面：一是对凯瑞传播思想的生成背景、仪式传播的文化内涵与传播价值、传播影响与效果等的阐释性研究。二是结合中国本土的现实语境和传播情形的仪式传播研究。虽然这方面的成果并不多，但是它更有利于仪式传播的理论结合我国传播的实际，对人们认识仪式的重要性起到实在的启发作用。

---

① James，Carey W. Communication as Culture：Essays on Media and Society. Unwin Hyman，Inc，1989. p. 25.

② Rothenbuhler，Eric W. Ritual Communication：From Everyday Conversation to Mediated Ceremony，Thousands Oaks，CA：sage 1998. p. 22.

③ 陈力丹：《传播是信息的传递，还是一种仪式？——关于传播"传递观"与"仪式观"的讨论》，《国际新闻界》，2008 年第 8 期。

二、仪式传播对四川藏羌彝非遗传播的意义

从四川藏羌彝非遗文化的保护项目来看，有不少都是用传统仪式来表现的。新中国成立前，由于藏羌彝少数民族地区历史地理与文化经济等条件的限制，组织传统仪式的往往是寺庙或当地的民族头领，人力、财力、物力严重匮乏，所能举办的民族节日活动和有特色的民俗庆典的规模与内容都非常有限。许多非物质文化遗产自生自灭，没有得到应有的重视，也没有任何抢救与保护的措施。新中国成立后，国家对少数民族文化给予了高度重视，采取了保护措施，使少数民族文化得以传承与发展。尤其是随着我国加入联合国《保护非物质文化遗产公约》以来，少数民族的文化得到了更高程度的重视和发展，特别是许多濒临失传的非遗项目得到了抢救和保护。藏羌彝少数民族非遗传播的种种仪式，让民众认识了这些民族的文化精神和历史地位以及他们现实的生存条件。正如凯瑞认为，传播是社会实践的一个整体，传播通过概念、表达方式与社会关系为切口，正是这些实践建构了现实（或是否定、改变了现实，或是用仪式展现了现实）。[①] 我们可以认为，仪式传播展现出民族与社会的变化，仪式的展演过程既是一个文化传播的过程，也是一个多民族社会和谐发展的过程。如藏历年、羌年、彝族年的庆典仪式，它表现的不仅是藏羌彝民族庆新年的欢快场面，更是民族文化信仰认同、民族奋斗与收获、现实生活与未来憧憬。邵培仁、范红霞在《传播仪式与中

[①]　[美] 詹姆斯·W. 凯瑞：《作为文化的传播》，丁未译，北京：华夏出版社，2005 年，第 16 页。

国文化认同的重塑》中认为："民俗展现和节日仪式传播实际就是在仪式中借助各种符号表征方式，使人们对于民族文化的种种想象落到实处，以重建文化的'想象的共同体'。"① 当前兴起的非遗网络直播就是一种非常现代化的媒体传播方式，网络传播中仪式化痕迹明显。民俗学学者萧放认为，网络直播中的主持人、嘉宾与观看者互动，让这个过程有一种仪式感。假设我们通过直播平台举办一个祭祖仪式，观众同步观看整个祭祀过程，应当会激发他们的集体参与感。虽然身在异地却可以心心相通，这就是直播所能达到的效果。② 仪式传播理论对于四川藏羌彝非遗的保护、传承、宣传与发展都有着十分重要的意义。我们应该重视从文化传播和人类学研究的角度，重新思考传播的"共享"问题，我们的研究应该沿着这个方向继续走下去，而绝不是仅仅止步于共享的表层，放弃深层问题的探究。③ 仪式传播在现代媒介语境里得到广泛体现，并且具有新的特点。地方政府作为仪式传播最具权威的组织者，怎样利用仪式传播做好对非遗项目的抢救、保护、传承、传播工作，仪式传播中的文化共享与信仰塑造过程如何和谐有效地统一，这些都是值得认真思考并需要完善其组织措施的。

① 邵培仁、范红霞：《传播仪式与中国文化认同的重塑》，《当代传播》，2010年第3期。

② 李睁：《当非遗遇上直播——新媒体为非遗传播赋能》，《中国文化报》，2017年9月9日。

③ 陈力丹，王晶：《节日仪式传播：并非一个共享神话——基于广西仫佬族依饭节的民族志研究》，《中国地质大学学报》，2010年第4期。

第二节　仪式传播非遗的组织行为

从中外各种文化仪式传播现象来看，各种仪式传播都离不开组织行为。现实社会中人们生活在不同性质的各种组织里，在参与政府组织或权威团体组织的各种仪式中，经过内外渠道的有效沟通，密切了组织成员以及组织和组织之间的关系，对促进组织任务的完成起着重要作用。促进组织成员形成共同目标，达成利益与价值观念的共识，就能推动组织传播的良性运行。组织传播对于协调、和谐、稳定成员内部关系，齐心合力应对外部环境，维护和促进组织内群体的生存和发展都有着重要的作用。

一、非遗传播与组织行为

在少数民族稳定及地区经济政治文化发展事业中需要发挥组织传播机制的作用，特别是政府行为、大众传媒行为、其他社会团体行为在介入少数民族非物质文化遗产保护传承中，应注意组织传播的效力。通过组织传播，各民族之间、各民族文化之间可以相互交流，增进了解，沟通情感，相互借鉴，相互影响，维持和促进各民族文化系统的正常运转，不断激发文化的生命力与创造力，在协调共进中稳定各民族群体内部关系，增进民族认同，从而促进各民族文化在现代化进程中的生存和发展。

政府在协调各界资源参与少数民族非物质文化遗产保护传承工作时，便充分体现和发挥了组织传播的效能效力。除了制定相关法律法规进行制度上的保障，还进一步明确了各部门的领导权责，建立了序列自上而下、从中央到地方的广泛覆盖网络，确保国家关于少数民族非物质文化遗产工作的各项政策指令及时有效地得以贯彻执行。这样的组织性传播方式将社会参与、创新创业、民主协商、追踪监管等重要的工作环节协调配合起来。

从结构主义视角出发，应该以纵观全局的眼光看待少数民族非物质文化遗产的保护传承，既要从整个民族文化的建设发展之需考虑，又要联系各少数民族的历史性、地域性等特征，将其看成一个个有机组成部分，制定符合具体民族文化元素传承进步之需的方针对策。少数民族非物质文化遗产传播中的政府行为即可视为符合结构主义要义的组织传播。有学者认为，组织传播即由各种相互依存的关系结成的网络，为应付外部环境的不确定性而创造和交流信息的活动。① 组织传播的目的是清除或减少组织及其成员之间对自身环境的不自信和不确定性，以沟通和维系组织内部的联系。从大众传播组织理论来理解，组织内传播的首要目标就是实现组织融合和价值趋同。组织融合是指组织成员创造的一种统一价值观和产生的一种集体身份归属感，可促进协同工作的高效性；也可视为组织内同化，即组织成员通过学习同一文化的规则、模式与目标后，经历一定阶段而内化为该组织成员的过程。比如当地政府和有关部门组织少数民族非遗文化活动中的各种重大节日庆祝活动，不仅需要考虑官方的意图目的，还必须尊重少数民族的传统习俗和参与群众的心愿，而不能靠行政命令强制完成。政府与少数民族群众的价值观和根本利益应该是一致的。

---

① 范东生、张雅宾：《传播学原理》，北京：北京出版社，1990 年版，第 256页。

　　四川藏羌彝的各种大型文化活动，特别是像藏历年、羌年、火把节、瓦尔俄足节这些重大民俗活动中的节目表演，都可视为有确定的目标并由政府领导组织协调的隆重而盛大的文化表演仪式活动。这些表演是民族传统文化的集中表现，主要包括宗教仪式、服饰展示、音乐舞蹈以及其他风俗习惯。这些文化元素汇聚在一起，以舞台的形式还原了民族传统的生产生活场景以及宗教信仰和价值观念，展现了他们在人类文明中的独特标识。活态流变的含义主要是指将传统文化放进现实，让古老文明保持鲜活，这是传承文化的基本前提。所以，民族文化仪式化且得以科学传播，正是活态传承民族非遗的有效途径之一。而活态保护与传承，靠民间群体分散的力量是难以做到的，只有通过政府充分发挥组织和协调作用才能实现。与非遗相关的传统节日仪式庆典活动倘若远离了政府的主导力量，没有可靠的政策支持与资金扶助，没有进行统一有效的组织，就难以得到妥善保护和展开。

　　政府在我国非物质文化遗产保护体系中起着主导性作用，这也是我国非物质文化遗产保护传承工作的基本原则，政府行为对非物质文化遗产的保护与传承产生着重大影响。仪式化的节日庆典以其恢宏的场面气势，诠释民族文化的丰富精神内涵，汇聚了广泛的民心民智，政府有组织的引导和有序的安排，以及大众传媒的有力支持，更能营造节日氛围，让传统民间文化走入人心。这便是组织性传播方式在少数民族非物质文化遗产保护传播中的作用和效力的体现。

　　有研究者研究了传统节日的仪式传播和民族信仰重塑的问题，肯定了传统节日的各类仪式是信仰传播的重要符号载体。①

---

①　郭讲用：《传统节日仪式传播与信仰重塑》，《当代传播》，2012 年第 4 期。

即便这些节日过程仅为民俗文化的展演形式，它们也大多存在于展演之中，整个节日仪式也即成为一种文化沟通和传播形式。这样的仪式传播使群体成员共同经历着一场文化互动，而族群的集体记忆也在节日中以表演的方式呈现出来，通过这些文化信息的传送和共享来保持族群记忆和维持民族文化发展。这些节日庆典既可看作历史情景的再现也可当作现实的反映，以仪式庆典的方式复活民族共同的集体记忆，同时也制造着新的族群文化记忆，目的在于为人们所认同和接受，从而延续族群文化。在仪式展演中，人们通过集中展示本民族文化与精神的象征性符号，不仅是对民族文化进行自我回顾与反复确认，也体现了民族的文化自尊与自信自觉意识。在政府领导和社会各界力量的广泛参与下，民族仪式庆典通过对文化符号的演绎与展示，保护传承了民族文化，并在承继传统中体现创新。随着现代文明以及少数民族地区经济文化的发展，城市文明对少数民族尤其是少数民族青少年生活方式的影响越来越大，那些传统的民族文化的节日庆典以及日常民族习俗逐渐远离他们的生活，一些少数民族传统文化面临着被现代文明同化的风险，如果整个社会文化环境也忽视淡化了民族文化传统，那么少数民族非物质文化遗产的保护传承也将沦为空谈。而政府以及大众媒介因其权威性、号召力、引导力、资金资源等因素在社会文化环境的塑造影响中占有最重要的地位，同时，政府参与少数民族非物质文化遗产保护传承工作也体现了国家对保护民族文化、推动民族地区稳定发展的重视和决心。

二、重大传统节日的仪式传播与效果

在四川藏羌彝文化产业走廊中，藏历年、羌年、火把节、瓦尔俄足节等重大传统节日都构成了非遗文化的重要组成部分。地方政府十分重视这些重要传统节日，每年都会对这些重大节日的庆祝活动进行精心的策划和认真的组织，从人力物力上给予大力支持。州、县、乡政府及有关部门通过喜庆热烈、形式多样、富有民族特色的隆重庆祝活动，让人们领略到民族传统仪式带来的欢乐气氛和特殊文化气息。这些重大传统节日的庆祝活动属于政府组织行为建构的非遗仪式，它与传统的群体性自发参与的节日活动相比，在规模与传播效果上更有优势，对民族内部和社会都产生了广泛的影响。下面以组织行为建构的藏历年、瓦尔俄足节、火把节为例，从新闻传播的角度来分析各个节日的仪式传播效果。

（一）藏历年的庆典仪式与传播效果

藏历年是兼具庆祝和祈祷的仪式庆典，是藏族群众最隆重、最重要的传统佳节。2011年经国务院批准，藏历年被列入第三批国家级非物质文化遗产名录。藏历年从藏历元月一日开始，到十五日结束。在新年期间，藏戏表演、开坛、煨桑、撒龙达等藏族传统庆祝仪式必不可少，在食物制作、食用以及礼仪等民族传统方面也特别讲究。笔者了解到，21世纪以来四川藏族居住区的地方政府不仅每年组织藏历年的庆祝仪式活动，还邀请各媒体参加庆典仪式并作报道。这些报道被全国众多媒体转载后，在受众中产生了广泛的影响。为了直接了解藏历年的具体内容与民族特色，笔者参加了阿坝州 2017 年藏历年（火鸡新年）的庆祝仪式。在马尔康市民族文化宫广场的庆典现场，众多的藏族群众身着节日盛装，佩戴金银宝石，在现场观看藏历火鸡新年庆祝活动文艺表演。开场节目《吉祥广场舞》是嘉绒的锅庄舞蹈，保持了旋子、踢踏、挥袖等原生态舞姿和节奏，体现出藏族人民热烈奔放的性格与对生活美好的憧憬。演出中的节目都与藏族非遗相关，女声独唱的甘孜民歌《扎西拉哦》，属于当地藏族典型的祈祷吉祥的祝酒歌；用民间乐器扎木聂（六弦琴）弹唱《阿若呀》，把人们带回了祖辈辛勤快乐的生活场景；群舞《藏鼓袖韵》由藏鼓伴奏、众人劲舞，传递着充满原始韵味的力与美。这些节目都得到了政府文化部门的保护，近年来一直在藏历年的庆典和其他重要节日中表演，成为当地藏族同胞喜闻乐见的保留节目。

藏历年期间，除马尔康举行了隆重的庆典仪式，其他地区也举行了不同规模和各具特色的庆典仪式。据当地文化局负责人介绍，红原县色地镇牧民定居点上，1000 余名牧民参加了以"歌颂新生活、新变化、新发展"为主题的群众性文艺表演。小金县、壤塘县、阿坝县都组织群众看藏戏，跳锅庄，举行煨桑、跳神、撒龙达等传统活动，祈求五谷丰登、国泰民安。除了这些活动，藏历年期间还有酥油茶、糌粑、羊血肠、奶渣包子、酸奶饼、吧啦饼、风干肉、青稞酒等藏族传统饮食增添节日气氛，为人们带来口福。节后各媒体关于这次藏历年的图文和视频报道在全国各地引起了热烈的反响，不少网民跟帖表示对藏文化的礼赞和向往。

大众传媒作为窗口将四川藏族传统节日仪式传播开来，让受众通过传媒展现的民族仪式了解一个民族的文化传统。仪式是民族文化传承的重要方式，大众传媒扩大拓展了仪式传播的范围，实现了民族文化的传播与影响。

（二）瓦尔俄足节的庆典仪式与传播效果

羌族是我国最古老的民族之一，在历史上自称尔玛，主要聚居于四川省阿坝藏族羌族自治州的茂县。羌族传统民居大多依山而筑，被誉为云朵上的民族。地处茂县北部的西湖寨河西村，祖祖辈辈流传着瓦尔俄足的习俗。为祭祀天上的歌舞女神沙朗姐，当地羌民每年农历五月初五都要举行瓦尔俄足节活动。这个节日是以羌族女性为主要角色的习俗活动，汉语俗称"歌仙节"或"领歌节"，又称"羌族妇女节"。节日当天羌族女性不分老幼，身着传统民族服饰前往女神梁子石塔前举行古老传统的妇女节。过去这样的节日活动一直是由村寨自发组织的，规模小，活动内容也比较单一，自 2006 年瓦尔俄足节被列入国家级非遗项目以后，该节日的庆祝活动规模逐年扩大，内容也更加丰富，其相关仪式的传播效果也比以前大为增加。

笔者为了解瓦尔俄足节的传承现状，参加了 2017 年茂县地方政府举办的瓦尔俄足节庆典。节日当天早上，当地成批的羌族女性以及跟随的男性乡民，身着鲜艳的民族服饰从四面八方向古羌城集聚。庄严隆重的开城门仪式结束后，祭祀歌舞女神沙朗姐的传统仪式正式开始。在羌笛、多声部合唱以及敲羊皮鼓营造的热烈氛围中，人山人海的观众观看由羌族妇女与男同胞演出的大型沙朗舞。受热烈的气氛感染，许多观众也融入载歌载舞的欢乐海洋。羌族学者袁庆学告诉我，现场所有羌族演员的服饰都是他们平时穿戴的，羌笛、羊皮鼓也是传承人平时所使用的乐器，这些都使瓦尔俄足节保持了鲜明的民族特色。他说过去搞这样的活动规模小，影响也不大，现在由政府和文化部门组织成大型的仪式，通过省内外媒体节前的宣传报道，吸引了许多外地观众专门前来观看瓦尔俄足节庆典活动。这样的效果反映了仪式化庆典在民族文化的传播上有着重要的作用和广泛的影响。瓦尔俄足节受到政府的重视和支持，得到媒体的宣传和报道，这样的媒介仪式传播让羌族民众为自己的非遗项目感到自豪，也让其他民族的群众对羌族文化有更多的了解。

随着大众传媒对瓦尔俄足节传播的影响，这个节日的庆祝内容与仪式感为国内更多人所了解，在四川成都举行的每一届国际非遗艺术节上，都会有关于瓦尔俄足节的介绍和节目表演。北京的中华民族园为传承和传播少数民族民俗文化、丰富人们的民族文化生活以及宣传和促进民族团结，也将瓦尔俄足节打造成民族文化的品牌节庆活动，于羌族瓦尔俄足节当天在中华民族园博物馆举办大型庆典活动，羌族同胞与中外各族来宾欢聚一堂共庆这样的民族传统节日。可见经由政府组织、社会参与、媒体报道，瓦尔俄足节文化仪式的传播影响已远远超出了羌族聚居的范围，也体现了人类文化相互吸引的特征和需要传播交流的共性。

（三）凉山彝族火把节的庆典仪式与传播效果

四川省凉山彝族自治州是我国最大的彝族聚居区。火把节是彝族人民特有的传统节日，也是国家级非物质文化遗产，凉山彝族火把节于 2016 年被列为国家级非遗整体性保护试点项目。自汉唐至今，彝族火把节已延续了千余年，凉山彝族同胞在每年农历六月二十四日，都要穿上节日的盛装，聚集在一起载歌载舞，举办形式多样的娱乐竞技活动，如斗牛、斗羊、斗鸡、赛马、摔跤、射箭等比赛，大型的活动还会举行选美比赛和服饰展演。夜晚，参加活动的众多乡亲点燃火把在旷野中游行，驱邪除灾和纪念他们的民族英雄，举行盛大的篝火晚会，彻夜狂欢，男女青年也借节日谈情说爱。现在，人们还利用节日集会的欢聚之机开展社交和商贸活动。

古老的彝族人认为火伴随着生命的开始和结束，他们以火为图腾，过火把节是希望长出的谷穗像火把一样粗壮，日子如火焰般红火，所以彝族后代在火把节点燃火把来祭火驱除家中田中鬼邪，以保人畜平安。

火把节历时三天，活动仪式流程包括：在火把节的第一天举行点火仪式。第一天，乃迎火日，当天各村寨都会宰羊杀猪，以酒肉迎接火神。火把节之夜，彝族村寨的人们会集聚在特定的地点搭建祭台，老人们以原始的方式击石取火。儿孙们接过老人手里点燃的火把，从屋内到屋外田野四处漫游，以期火焰驱魔除灾。第二天为凉山火把节的高潮日，彝族人男女老少身着节日盛装，参加各式各样的彝族传统活动，夜晚时分无数火把组成一条条巨龙，盘绕村寨山野，甚为壮观。第三天即进入火把节尾声项目——送火，当天夜晚村民聚集一起，依然点燃火把，毕摩念经祈祷举行送火仪式，祈愿火神赐予族人五谷丰登、吉祥安康。

1994 年，凉山彝族自治州政府举办了当地第一届国际火把节，之后每隔三年举办一届（从 2019 年调整为五年一届），至今已举办了七届。除了举办规模盛大的国际火把节，每一年凉山州各县市大小规模的火把节也都在当地政府的组织下开展得秩序井然、气氛热烈。笔者在 2015 年考察过"第七届中国·凉山彝族国际火把节"，对节日的内容与形式进行了具体的了解。迎火日当天上午 8 点，在锣鼓喧天的热烈气氛中，"第七届中国·凉山彝族国际火把节"文艺演出在西昌市火把广场拉开帷幕，以"东方狂欢夜，燃情火把节"为主题，从 8 月 6 日开始持续到 8 月

10 日。在这 5 天的活动中，按照政府的组织安排，分别在凉山民族体育场举行迎宾大型文艺晚会，在火把广场举行彝族传统选美大赛，在火把广场阿诺阿尼展厅进行非物质文化遗产展示，在火把广场后山举行彝族风情实景演出，在民族体育场外场开展彝族式摔跤擂台赛，在安哈彝寨景区举办安哈民俗文化节，在彝族风情园射箭场进行彝族传统弓式射箭比赛。火把节期间凉山的布拖县、普格县等地也隆重举办了富有彝族特色的火把节。与往年不同的是，为了让来参加火把节的各地游客亲临火把节现场感受、体验民族传统文化，主办方还专门定制了火把向游客出售。节日期间还增添了火把节音乐会和邛海开海节实景演出，为传统火把节增添了新内容。四川省内外各种媒体纷纷报道了这次国际火把节庆典仪式的全过程。

为了满足当地彝族群众和各地游客参加火把节的心愿，凉山州政府在举办国际火把节间隙，每年都会举行地方火把节。2017年中国西昌凉山彝族火把节如期举行，为了展现更加原生态的火把节，弘扬彝族文化，展现民族魅力，当年的火把节没有在西昌城区进行，而是在城郊的洛古波乡、大箐乡、四合乡三个地方分别进行了原生态火把节狂欢仪式，通过祭火回顾火的起源、传火讲述火的故事、送火伴火狂欢三个部分展现了火把节的由来、历史和传承等文化内涵，让当地群众和游客融入火把节的仪式狂欢。火把节期间，当地还举行了民俗风情体验活动和凉山彝族传统选美大赛。每年不同规模的火把节仪式连续传播着凉山彝族特有的民俗文化，不断提高凉山的知名度。

从仪式传播的角度来看，凉山彝族火把节因为有了政府组织的大规模仪式化活动以及大小媒体的广泛报道，其传播效果是十分显著的。凉山火把节不仅集聚了凉山彝族同胞欢度节日，还吸引了大量国内外游客，大大提高了火把节的知名度，国内外媒体都报道了火把节的盛大仪式。与传统的火把节注重消灭虫害、祈祷丰收以及娱乐狂欢不尽相同，现代火把节加入了歌舞表演、服装秀、选美赛、器具展出等环节和内容，着意打造凉山民族文化品牌，推动凉山的旅游文化产业。凉山彝族国际火把节已成为独具魅力的民族文化品牌，是国际知名度颇高的民族文化节、旅游节、招商节，也是促进文化交流合作的重要平台，展示了凉山的自然和人文资源，传播了凉山彝族文化。

三、仪式传播非遗中组织行为的局限

从上述典型事例中我们可以看到，政府组织或参与少数民族非物质文化遗产的仪式传播活动，能对非物质文化遗产的保护与传承起到重要的组织协调和保障作用，明显体现出传播的效力。但同时也要看到，政府或相关部门过多地参与或行政化干预所建构的非遗仪式容易破坏民族文化的原真性。正如有学者认为，现代社会的泛政治观与功利思想使传统节日仪式发生了意义转借，偏离信仰而向经济、政治、娱乐等方面转移；庄严肃穆的神灵力量被削减剥除之后，仪式的本质意义消亡，传统节日在某种程度上也就变成了"旅游节""美食节"与"狂欢节"的代称。① 我们在充分肯定政府对少数民族文化传承发挥的组织作用的同时，也要留心各种节日庆典仪式失去信仰内涵的弊端。民族文化的传承应根植于文化产生的原生态土壤，如果来自政府的、商业的或

---

① 郭讲用：《传统节日仪式传播与信仰重塑》，《当代传播（汉文版）》，2012 年第 4 期。

其他各界力量的介入有损文化的自然状态，甚至将非物质文化遗产当成扬名的标签和获利的摇钱树，违背非遗发展规律和生存需要过度开发，以文化搭台经济唱戏的常见方式操控文化仪式，将传统民俗演变成官俗商俗，将扭曲和异化文化的本质与传承的初衷。这些行为不仅使民族文化得不到正确的保护，反而还会损害民族文化的正常形态，败坏政府形象，扰乱社会文化发展秩序，造成种种不良影响。

文化行为伴随着人类社会的发展历程，只有得到社会权力主体的充分重视，并且在社会各方资源条件相对成熟的前提下，文化才能获得更有效的保护传承措施。我们必须认识到大众媒体作为党和政府的喉舌、社会信息的桥梁，在民族文化话语体系的建构与传播上体现着国家意志与人民意志，是文化传播的主体，其传播行为必然受到政府的影响和干预。各种大型民族节日庆典和文化活动仪式，甚至会有偏重政府意志而忽视非遗主体愿望的倾向。笔者认为，政府对非遗文化的组织行为应基于服务的根本理念，体现少数民族大众的文化传播意愿，发挥大众传播媒介的本职作用，维护文化传受关系的实质，从而更好地协调文化保护传承中的官方与民间的利益关系。

前文论述的以藏历年、瓦尔俄足节、火把节为代表的四川藏羌彝非物质文化遗产的典型项目，都是以文化仪式组织展演的形式存在。将这种组织展演变成一种民族生活的惯例或文化传承行为，不失为一种民族文化的保护与发展方式，对促进民族文化的整体延续和传承都有极其重要的现实意义。政府在组织民俗文化仪式的过程中，应该体现自愿适度的原则，尊重当地民族群众的意愿，引导鼓励他们积极参与，充分发挥他们自身保护民族传统文化的先天优势和传承能力，同时也要鼓励非遗直接传承人和当地民众以创新的方式进行活态传承或生产性保护，这样才能维护民族文化的新陈代谢，在民族非遗的保护中运行良性发展的机制。更重要的是政府要善于引导各族群众在重大节日的仪式中保持和维护信仰的神圣与庄严，而不仅仅是满足于文化符号狂欢或追求文化搭台经济唱戏带来的经济效益。同时，政府应支持大众传媒对非遗文化各种仪式的客观宣传报道。

对于民族文化活动，不论是当地政府组织开展还是大众媒介传播宣导，都不能歪曲背离保护传承文化的初衷。仪式的组织、仪式化的传播都应该基于维护民族文化生存空间，维护文化原真性，承继民族文化精神信仰的前提，去展现历史变迁中民族文化基因的遗传和变异。在社会主义市场经济语境下，大众传媒如何配合政府的组织行为高效地传播民族传统文化，如何将民族文化资源开发制作成传媒文化品牌，值得我们认真思考和不断探索。

第三节 仪式传播非遗的自发行为

我国当下少数民族非遗的仪式传播中既有官方的组织行为，也有民间个体、文化团体和商业机构的自发行为。从群体传播的概念来看，民间文化团体或商业机构组织传播非遗的行为可视为自发性的群体传播。这种传播具有草根化、小众化、原生态的传播特征。来自民间各种文化仪式类型的传播，体现了少数民族的文化自觉、文化自信，有利于民族文化原真性传承。在社交媒体日益发达的今天，各种传媒方式为自发性群体传播仪式提供了便利有效的条件，使民族文化得到方便快捷的多渠道传播。

一、非遗传播与自发行为

通常意义上讲，人们容易追崇掌握话语权的主体，谁掌握了话语权，谁就更可能成为信息的权威来源，而大众就更可能相信并追随其意见与行为。大众传播是反映和扩散群体行为的主要途径。群体行为是指在多人参与的社会活动互动中，个人的行为逐渐转变为群体的行为。日本社会学家岩原勉认为，所谓群体即是指具有确定的共同目标与归属感、存在着互动关系的由个人组成的集合体。① 群体可分成两类，一类是组织群体，另一类是自发群体。组织群体是由政府或职能部门领导的成员或组织的群体，遵守着严密的规章制度，按照组织的意图执行任务，体现出社会心理的服从和文化的统一意识。自发群体行为依赖于群体成员对群体规范和压力的理解、认同和从众心理，更多体现出文化心理的趋同和文化自觉意识。从众现象实为在群体中的个人因受到来自群体的影响与压力，从而在知觉、判断与行为上倾向于与群体中大多数保持一致的现象。群体心理学认为，群体意见的一致性程度影响群体行为、群体压力的产生与倾向。若群体意见分散零星，那么群体压力即小；反之，若群体意见高度一致，那么群体压力就大，个体就更容易与所属群体保持意见和行为的一致。同时，如果所属群体的规模与凝聚力强大，个体自然更容易产生从众心理与行为。法国著名社会心理学家古斯塔夫·勒庞曾在《乌合之众》中鞭辟入里地分析了这种群体心态，认为在群体中，任

① 郭庆光：《传播学教程》，北京：中国人民大学出版社，2011年版，第78页。

何一种感情和行动都容易传染开来。[①] 这种从社会心理学视角分析集体行为发生的原因是一种科学有效的研究路径。这种从众行为产生的原因：一方面是来自信息的压力。无论是初级群体或次级群体环境都可能影响人们对信息的接受、理解与判断，人们似乎更倾向于相信周围关系密切的人，比如相信初级或次级群体的人及其提供的知识和信息。人们对信息来源者的信任，使他们更容易产生与信源一致的意见或效仿信源的行为。同时，人们还可能因为对孤独的恐惧等原因而倾向于相信多数人的意见，认为多数人的意见来源便是可靠的信源，从而怀疑自己原有的意见或判断。另一方面是由于人们在群体中怕被孤立、被排斥，所以尽量与群体中其他成员保持相同的看法，与群体规范相一致。当然，群体影响力还取决于群体的规模、群体的凝聚力、个体在群体中的地位以及群体中可以改变个体认知和行为的"舆论领袖"等因变量，这些都能影响到人们的群体行为。在一个良好的社会文化环境中，人们更容易受到文化的熏陶感染，更能增强文化保护的自觉意识，产生文化趋同、认同心理和保护传承文化的从众心理。在媒介化社会里，大众传播媒介是报道和反映集体行为的主要渠道，通过扩散传播一些事例现象从而影响人们的思想观念和行为实践。罗杰斯认为，如果将传播限定为一个社会心理过程，那么凭借这个过程，个人能够在某种意义或某种程度上，假设他人的态度与观点；凭借这个过程，人们之间合理的、遵从道德的秩序也能够代替单纯心理的和本能的秩序。传播将一种移情方式

---

① ［法］古斯塔夫·勒庞：《乌合之众》，戴光年译，北京：新世界出版社，2010年版，第10页。

带给其他传播同伴,从而使得社会的社会性成为可能。^① 从社会学的意义来看,群体是指由共同的生存利益、价值追求、行为方式及目标等条件产生联系、影响和作用的个体组成的社会集合体。这样的群体不仅接受外来信息,同时也需要传播群体内部成员相互之间的信息。郭庆光认为,群体传播主要是指群体内部或群体之间的信息传播活动,它在形成群体意识和凝聚群体结构方面起着重要的作用,一旦形成了这种意识和结构,又会反过来影响和制约个人的态度与行为,以保障和维持群体的共同性,故群体传播是维系群体生存发展的生命线与原动力;群体传播互动产生群体意识,群体意识影响群体情感、归属感和凝聚力。^② 无论是有组织或非组织的群体,都会在群体内体现一定的规范化、程序化、协调化等特征,使群体成员具有共同的需要和目标、共同的规范和行为模式、共同的归属感。这就需要群体成员具有组织性,要齐心合力与相互作用。

群体意识虽然可以通过社会化过程为个人所吸收,但总体上仍然属于一种集合意识。^③ 在互联网技术高速发展的时代,大众传播媒介为群体互动传播拓展了新的表达空间和沟通渠道,很大程度上拓宽了人们的社会交往范围。影响群体行为的因素主要有:群体内部人际关系、群体生存理念、群体价值观念、群体共同目标、群体行为动机与准则、群体利益与压力、群体内部与外部交往环境、群体成员的个人基本素质与特点以及群体领导者的能力和品格。群体行为是意志、情感认识以及实践社会化的结

---

① [美] E. M. 罗杰斯:《传播学史》,殷晓蓉译,上海:上海译文出版社,2005 年版,第 164 页。

② 郭庆光:《传播学教程》,中国人民大学出版社,2011 年版,第 81 页。

③ 郭庆光:《传播学教程》,中国人民大学出版社,2011 年版,第 81 页。

果，又是群体特征的呈现方式。健康正常的群体行为对社会的发展有积极的影响和促进作用。

反之，消极的群体行为对社会的发展有不良影响和阻碍作用。群体行为通常表示出对某一事件或现象持有共同的态度，做出相似行动，而这种共同的态度和相似行动是人们在交往中彼此思想情绪相互感染而形成的。尤其是在新媒体时代下由群体传播产生的传播效果的不同，以及群体传播对社会产生的影响和作用也备受传媒界重视。① 群体传播是群体意识形成的必要环境与通途。在信息时代，群体传播更加能体现出对群体形成的决定性作用。离开群体传播，群体意识就难以维系，甚至不复存在。群体意识形成以后，也会对群体传播的效应产生直接且重要的影响。群体传播中的个体意识与行为愈统一，就愈能促使群体感情的融洽和增强群体成员的归属感与认同意识，这种来自个体成员对群体的认同意识又维系着群体传播效果的良性循环。美国社会学家帕克认为："是文化要素的交流与共享生成了一种共同的文化。"② 在少数民族非遗文化的传播中，除了政府的主导作用和组织所产生的社会功效，民间自发的群体文化传承行为也起到了应有的作用。因此我们在传播中既要重视政府组织活动的宣传，也要关注民间群体的自发文化传播行为，这样才能充分利用非遗传播的资源与渠道，更好地促进非遗的保护与传承。

---

① 刘宏：《新媒体环境群体传播的类型和动机》，《今传媒》，2013 年 1 月。
② ［美］E. M. 罗杰斯：《传播学史》，殷晓蓉译，上海：上海译文出版社，2005 年版，第 157 页。

二、自发传播非遗的仪式化与效果

具有共通的文化意义交流空间、相对统一的价值观念和行为方式的群体，对于社会文化的保护和传承来说无疑具有积极的意义。群体压力或群体规范对本群体的成员行为起着规范和制约的作用。这样的压力和规范随着时间的流逝而承继下来，成为一种无形的法则维系着群体的完整性。共同的价值观念、生存方式促进群体认同或社会认同的产生，心理情感和文化认同促进社会的生存和发展，顺应群体规范和群体认同也是群体成员生存发展的必要。

从改革开放以来，四川少数民族地区就有许多群体组织自发性的仪式对民族文化进行传播，尤其是音乐舞蹈，出现了令人耳目一新的新气象，不少演唱组合、舞蹈组合和业余艺术团队应运而生。他们以村寨原生态表演仪式，通过各种社交媒体的传播，参与主流媒体选秀节目等活动，从乡村文化空间走上大众传媒的广阔传播天地，使自己所属民族的文化融入现代社会，在族群内和其他民族中产生了积极的影响。

（一）凉山彝族山鹰组合的传播效果

彝族是一个能歌善舞的民族，从新中国成立后少数民族地区开始民主改革至 80 年代，凉山地区只有由政府成立的凉山歌舞团多次在各地甚至国外进行演出，而从没有自发群体的公开演出。1993 年 2 月成立的山鹰组合既是凉山彝族地区第一个少数民族原创音乐组合，也是国内第一个少数民族原创音乐组合，他们的三个成员是来自凉山的彝族青年吉克曲布、沙玛拉且和瓦其依合。因此，他们受到了媒体的高度关注和宣传，他们的组合以及所传播的彝族音乐文化在全国范围内产生了一定影响。以"山鹰"作为组合名称，也体现了民族特殊的文化记忆与标识现象。据《勒俄特依》这部彝族史诗记载，彝族英雄祖先支格阿鲁是神鹰的后代，"山鹰"这一民族文化符号集聚了彝文化的象征寓意，"山鹰组合"意味着象征民族文化的"歌者"。1994 年"山鹰组合"因《走出大凉山》唱片一举成名，1996 年他们又在"亚洲音乐节"上获得荣誉。山鹰组合在承继彝族特色历史文化传统的基础上形成了独特的演唱风格，从歌手到歌曲，都能体现出浓郁的彝族文化特色，尤其是歌词，大多为彝族独特的文化符号或极具民族精神象征意义，体现了歌手传承民族文化的自觉意识。对此李金发认为，山鹰组合让许多人认识了解到神秘的彝族，起到了文化传播和广告效应，对展示和传播民族文化具有积极意义。如《七月火把节》可以说是以艺术的形式进行的"文化展演"，将彝族上千年的传统节日——火把节用美妙的歌声、动感的旋律、火热的场景意象来演绎，扩大了这一节日的知名度和影响力。山鹰组合的适时出现在一定程度上填补、推动和促进了彝族文化认同意识。他们的歌曲具有很浓的族群叙事和历史记忆色彩，所有的歌曲专辑中都充满了民族文化符号，蕴涵着彝族的宗教信仰、神话史诗、民间传说以及生活感受与感情。如《彝人》这首歌曲中，彝语独白就是创世史诗《勒俄特依》中的第一段：远古的时候，上面没有天，有天没有星。下面没有地，有地不生草……这首歌让受众知道了这部创世史诗，认知和想象了彝族先民开天辟地的英雄业绩。[①] 山鹰组合共发行了九张专辑，深受广

---

① 李金发：《人类学视野下的彝族流行音乐》，《学理论》，2011 年第 3 期。

大听众好评。还有与山鹰组合相似的黑虎三人组合，也以自发的行为对彝族文化进行了传播。他们组建于 1995 年，参与组合的哈布、曲比哈布、俣伍阿木三位歌手都是土生土长的彝族人。1997 年他们发行了一张纯彝语专辑《传说中的英雄》，在国内引起强烈的反响；1998 年与北京鸟人艺术公司签约，黑虎三人组合更名为"彝人制造"。"山鹰组合"与"彝人制造"具有鲜明特色的民族流行音乐，不仅在族群内部唤起了共同的历史记忆，也加强了广大听众对彝族音乐文化的认同。

（二）四川藏族歌手舞者小组合的传播效果

在四川的甘孜、阿坝等地区，不少在歌舞上受父母言传身教的藏族青年，为了传承民族歌舞，自发地组成了一个个歌舞艺术小团体。他们唱红了家乡，也通过中央和地方的主流媒体，把藏族的歌舞文化带向世界。在四川藏民族聚居区自发组建的艺术群体有比较大型的民间演出公司，如九寨沟民族艺术团、九寨天堂艺术团、马尔康艺术演出公司、康定艺术演出公司等。而更多的是两人或多人因为志同道合自发组建的艺术小团队，即各种称谓的组合。其中有代表性的是诞生于本土的"高原红组合""四姑娘组合""高原天籁组合"，其中"高原红组合"是我国第一支藏族女子歌舞组合，组建于 21 世纪初。该组合以藏族民间传统舞蹈和音乐为基础，采取民族舞蹈音乐与现代时尚结合的表演形式来展现藏民族音乐舞蹈的时代魅力，对本民族舞蹈与音乐的发展做出了大胆有益的尝试，曾荣获央视全国青年歌手电视大赛、中国西部民歌电视大赛等大赛的优秀奖项，还多次参加了国内外各地的巡回演出，并先后被全国数十家媒体竞相报道，从此"高原红组合"一举成为全国知名的演艺品牌，深受广大听众的喜爱。

"四姑娘组合"由阿坝州小金嘉绒藏族女子阿旺卓尕、可尔卓尕、达瓦卓尕和白玛卓尕组成，组合的名字源于她们家乡小金县四姑娘山的神话。四姑娘山是嘉绒藏族的神山，相传是四位天仙化成，山上终年积雪不融，也被誉为"东方的阿尔卑斯山"。"四姑娘组合"一开始在农家乐、酒店驻唱，坚持用藏族地区原生态的演唱方式传颂着家乡民俗风情，受到了当地和外地听众的欢迎，遂从四川阿坝唱到了全国各地，甚至唱到了国外。2005 年她们参加了"维也纳夏季音乐节"演出。2006 年参加了"泰国国王登基 60 周年"文艺演出。2007 年参加了"俄罗斯中国友好年"文艺演出。2009 年参加了安徽卫视春晚演出。2010 年参加了"上海世博会"文艺演出。2011 年赴马来西亚参加华人文化巡演。2012 年获得"天籁之音"中国藏歌会亚军。2014 年成功推出兼具藏族传统文化基调和现代艺术元素的《欢腾的阿坝》《报喜鸟》，深受广大歌迷欢迎。2015 年 8 月"四姑娘组合""藏音天籁"演唱会在成都成功举办。2016 年应邀参加山西卫视民歌春晚，她们传唱的《欢腾的阿坝》《赞拉的传说》等经典歌曲深受藏族群众和其他民族观众喜爱。被众多媒体宣传的这支组合对藏族歌舞的传播做出了显著的贡献。"高原天籁组合"，由四川省阿坝州黑水县的女歌手卓玛（德青卓玛）和来自甘南藏族自治州的男歌手吾杰（吾杰泽让）组成。两位歌手都酷爱自己民族的歌舞，也都传承了一副好歌喉和好舞艺。2012 年因为共同的音乐梦想，两个歌手组成"高原天籁组合"，以合作的形式给广大观众带来藏族歌舞风韵的震撼。次年 9 月他们便登上中央电视台《星光大道》，所表演的藏族歌舞得到了现场评委的高度赞誉，获得《星光大道》周冠军，在全国权威媒体的平台上展示了四川藏族音乐文化艺术的特殊魅力。

在民间自发群体性传播非遗文化的影响下，不仅产生了一个个歌舞小组合，还出现了不少优秀歌手和作品。容中尔甲的《神奇的九寨》、亚东的《向往神鹰》、降央卓玛的《美丽的草原我的家》与三木科的《藏香》都向人们讲述了藏族的历史文化、民情风俗和沧桑巨变，用青年一代的民族记忆和文化认同守护着民族文化之根。他们以民族文化搭建桥梁，将藏族人民淳朴真挚的感情和优美动听的歌声传达给国内外听众。来自阿坝藏族羌族自治州阿坝县的三木科的《藏香》在四川藏族聚居区的传唱度非常高。这首歌极具藏族特色，歌曲基调是阿坝锅庄旋律，前奏是康巴弦子乐曲，歌词还体现了康定情歌特色文化，这样的标识性符号让人印象深刻，再加上歌手的藏式唱腔，一首简单的情歌也就朗朗上口了。① 三木科的演唱让人们对藏族歌曲有了新的理解，在 2005 年中央电视台《星光大道》年度总决赛中，他获得年度第五名及年度最具人气奖。由于这些民族组合和优秀歌手的努力，通过各种媒体的报道与宣传，藏族歌曲不时掀起热潮，为藏族文化的传播起到了很好的推动作用。

（三）羌族兄弟组合的仪式与效果

羌族多声部演唱是国家级的非遗项目，它是羌族民间原生态的合唱方式，比欧洲意大利多声部的历史更悠久。多声部合唱具有固定的换气点，讲究气息循环，最显著的特色在于歌手进行高低音交错演唱。这种交替循环的高低音演唱方式，使得合唱的旋律和谐美妙，极具特色。通过笔者调查，如今在阿坝松潘县的小

---

① 李妍婕：《一曲天籁——新一代藏族歌手与藏歌》，《四川党的建设（城市版）》，2015 年第 11 期。

姓乡以及黑水、茂县等地的一些村寨还保存着羌族多声部演唱技艺。当地政府对此十分重视，并邀请传人参加有组织的庆典仪式表演，但这种表演的场地和时间都很有限，更多地区的民众难以耳闻目睹。羌族青年"毕曼组合"的出现，拓展了羌族多声部的演唱空间和影响范围。组合成员泽旺仁青的父亲便是羌族多声部民歌的国家级代表性传人，在父亲的影响下，泽旺仁青六七岁时就能演唱羌族民歌。2006 年仁青和他的妹夫格洛成立了"毕曼组合"，因为他们是自发形成的民间艺术组合，也同样有在农家乐与酒店驻唱或临时被邀参加节日的演出活动的经历。在当地的多次表演中，他们不断提高多声部演唱水平，受到了家乡羌族民众的认可。他们还参加了央视的全国青年电视歌手大奖赛，并获得了原生态组比赛的第三名，在国家舞台上的表演，实现了他们弘扬羌族多声部音乐文化的心愿。汶川特大地震发生后，在第三个中国非物质文化遗产日来临之际，羌族毕曼兄弟应国家文化部的邀请亮相中央电视台，在央视第 10 套节目直播现场唱响羌族多声部酒歌《唱不起了》。第二届成都国际非遗节的四川非遗馆"阿坝主题日"演出就由"毕曼组合"的多声部民歌《月亮升起》拉开序幕，让原始古朴的羌族音乐登上了舞台。"康乐兄弟组合"是一个从四川阿坝州茂县羌山走出来的亲兄弟组合，成员有尔玛康乐、尔玛康辉、尔玛康艺。在词曲创作方面，该组合较有原创实力。2009 年他们发行了首张感恩专辑《有你们同在》，2013 年创作并演唱了纪录电影《藏羌魂》的主题曲《藏羌魂》，2014 年获得四川省第七届民族艺术节二等奖。组合中的尔玛康乐是羌族地区最优秀的作曲家及羌笛传承人，他创作了《有你们同在》《挂羌红》《九寨刚拉梅多》《藏羌魂》等歌曲，先后参加了国内上千场晚会，还受泰国前总理邀请赴泰国演出。其中《藏羌魂》

所表达的"藏羌健儿中华英雄"的"不屈不挠不死不灭"精神，正是藏羌民族非遗中的核心生命观。他们在民族文化传播中的努力与成功，反映出自发群体的可为之处，当然这也与大众传媒对他们的大力宣传报道直接相关。

特别值得一提的是，在群体自发的非遗仪式传播中，一些行将消亡的非遗文化活动得到了保护和传承。比较突出的例子就是羌族沙朗节的仪式化表演由自发性向组织性转变。羌族人民好歌舞，羌语中"沙朗"便为"载歌载舞"之意。沙朗民俗文化底蕴深厚，极具地域特色。沙朗舞由羌族祭祀舞演变而来，随着时代的发展，逐渐变成了一种自娱自乐的集体舞蹈形式。沙朗舞蹈形式集中反映了羌族习惯于围成一圈，用边跳边唱的形式来表达喜怒哀乐情绪的民风民俗。羌族沙朗舞属于集体舞蹈，通常由能歌善舞者领头，参与的男女分别排成队列，手拉手围成圈边唱边跳，双臂上下左右摆动，下肢轻缓灵活地变换脚步，集体所唱的歌曲多是当地代代口传的古老羌语民歌。跳羌族沙朗舞不分时间、地点，想跳就跳，节日场面盛大，舞蹈节奏明快，舞姿雄健。羌族沙朗舞展现了羌族人民朴实自然、乐观豁达的民族性格。值得一提的是，在"5·12"汶川特大地震中，很多会跳沙朗舞和对羌族沙朗有深入研究的人不幸遇难，关于沙朗舞的部分音像制品以及研究成果也损毁遗失。近年来，由于通往沙朗原生态表演的乡村环境的交通障碍以及地震留下的阴影，加上乡村里许多年轻人外出务工或忙于生计，沙朗舞的表演范围和参演人数规模下降。羌族沙朗的成功申遗与政府重视和相关专业人士介入沙朗的资料搜集与抢救保护是分不开的，如今在北川的各届羌历节上，都会进行大型的沙朗舞表演。当地政府将羌族沙朗的文化传承与地方旅游发展结合起来，对促进民族文化品牌效应的形成和推动地方文化经济建设产生了巨大作用。羌族画家李云川还根据原生态环境里的沙朗舞蹈形式设计了生动形象的沙朗图。北川新县城各届羌族沙朗节的隆重举办，吸引了数万名观众游客；羌族沙朗节上，众多羌民载歌载舞跳沙朗，声势异常壮观。[①] 羌族的沙朗舞，既能体现族人日常的生活形态和民族性格，又能生动有趣地将这一美好的羌族文化形式传承下去。

从以上的例证与论述，我们不难看到自发性群体传播非遗仪式的积极效果和影响。虽然自发性群体传播非遗的仪式很难与政府组织的各种仪式传播的规模与作用相比，但其民族性、本土性都在本质意义上体现出文化认同和文化自觉。在四川藏羌彝地区产生的各个组合以及他们传播的文化艺术都烙上了鲜明的族群历史记忆、民族文化记忆和在现代社会中活态发展的印记。他们用民族独特的史诗神话、语言文字、音乐舞蹈符号、信仰仪式以及审美心理丰富了人类文化的多样性，体现了一种本土性、民族性的活态文化，实现了一种民族文化的自尊与自觉表达。

三、自发传播非遗仪式的局限

自发性群体传播非遗仪式虽然能补充政府组织非遗仪式传播活动的不足，发挥出特殊的影响与作用，但毕竟因其小众化而使传播的途径、平台及文化总体空间受到较大的限制。他们土生土长的草根性、边缘的社会地位与缺乏事业保障都容易导致其传播不稳定。特别是随着现代文明的影响，少数民族被同化现象严

---

① 朱雪黎：《十二幅画讲述羌韵故事，才下云端却上心头》，四川在线，2014年11月21日。

重，容易放弃传统节日仪式和旧的生活习惯与方式，进而逐渐淡化民族精神信仰和文化追求。国家以及地方政府抢救非遗文化，目的是保持人类文化的多元性，保持各民族的民族记忆和认同感，因而重视以各种仪式传播来强化非遗文化的现实意义。但依然有许多现实问题成为障碍，影响着非遗保护传承工作的正常进程。与政府相比，自发性群体毕竟势单力薄，在民族文化的传播过程中会遇到不少困难，难以获得广泛而持久的效果。汶川特大地震后，羌族人陈学龙等从阿坝迁到邛崃南宝山，他们试图自发组织传承羌文化，还从茂县请来会吹羌笛的老乡在邛崃教习羌笛，但报名的人很少，学会的只有个别人。① 羌寨年轻人大多为生计外出务工，没有时间和精力潜心学习羌笛，加上资金缺乏，培养羌笛传人面临困境。

一些重要的非遗活动因群众自发举办，也难以取得良好的效果。汶川县阿尔村白家夺寨自主办羌年仪式活动就是一个典型的事例，明显地体现了自发性群体传播非遗仪式的局限性。该村位于羌族自治州汶川县龙溪乡，村民大都为羌族人，由于交通不发达，村民少与外界接触，这里基本保留了本民族的传统文化和民情风俗。2010 年，该村白家夺寨自己筹办羌年活动，限于财力、物力和人力，特别是由于缺乏群众的配合，这次羌年庆祝活动没有达到预期效果。因为这次活动属于当地村民自行组织的传统仪式，当地县政府以及乡村委员会都没有参与进来进行有效的组织协调，更未提供资金和物质条件。村民的筹备工作仓促无序，羌年前一天匆忙开始准备羌年仪式用的杉杆、公鸡和山羊，到羌年

---

① 涂丽君：《边塞诗常客国家级非遗 2000 岁羌笛盼"知音"》，《华西都市报》，2015 年 8 月 24 日。

当天早上才准备祭祀仪式上需用的白旗、月亮馍馍、太阳馍馍、咂酒等物品。村里的人并没有全部参加，只有主持仪式的两位老释比和村民二三十人在中午汇集前往老寨子的仪式场地。人们按照传统布置祭坛，然后由释比开始打羊皮鼓诵经，对山神、牛王和玉皇行礼，祈祷风调雨顺、五谷丰登。祭祀活动不到两个小时完毕，参加者晚饭时和村领导到村组长家聚餐，一起喝羊肉汤。整个羌年庆典仪式简单平淡。这次羌年庆典就连本村男性村民也没有全部参与，内容单一，也没有隆重的热烈的氛围。这样自发组织的仪式活动自然不会引起媒介的重视和社会的关注。

　　当地政府组织的桃坪羌年庆祝活动与之形成鲜明对比。由理县政府组织的第五届羌历新年暨花儿纳吉赛歌节在桃坪新寨子的沙朗广场开演，其主题为"铭恩奋进，羌风羌韵"。这次活动将"羌年"与"赛歌节"融合在一起，不仅吸引了当地羌族民众参与，也吸引了大批游客前往参观。当地政府与民众在节前做了充分准备，为了演出顺利，理县桃坪、薛城等五个乡镇的众多当地群众表演者都在桃坪新村的沙朗广场按照演出顺序进行彩排。节日当天，乡民们身着传统的节日盛装，用其本真的民族形象，全景展现了古羌民生产、生活的场景和古羌民悠久的历史文化。省内外各媒体和众多游客都涌向活动现场。上午十点半，庆典节目在羊皮鼓声中正式开始，整个演出分为四个环节。第一个环节是羌族传统的羌年祭祀活动，由老释比主持，通过羊皮鼓舞、唱经、献祭，体现"祭山还愿，祝福太平"主题。之后羌族民众表演唢呐迎宾曲、羌族多声部、拐耙子和迎亲歌。第二个环节是五个乡镇的参赛队进行赛歌，展示羌族民众的日常生活劳动场景，体现了"花儿深情，吉祥欢歌"的主题。第三个环节由羌族非遗传人和群众用羌笛、口弦吹奏、羌族民歌表演、羊皮鼓舞等呈现

"和谐盛世，铭恩奋进"的主题。"欢迎您到桃坪来"的歌舞作为最后的谢幕曲，将庆典仪式推向高潮，让人们沉浸在羌年与花儿纳吉赛歌节的欢乐气氛中。当晚本地羌族民众和外地游客以及各家媒体记者一起聚集在桃坪老寨子的祭祀广场上参加集体篝火晚会。热闹喜庆、祥和欢快的羌历新年在大众参与的沙朗舞中圆满结束。

桃坪羌年与花儿纳吉赛歌节在政府的指导与组织下，有明确的计划、安排以及责任分工，并获得了必要的经费和物质支持。在桃坪羌年的整个筹备工作与庆典仪式过程中，必要的组织体系将个人、群体纳入其中，实现了政府与村民的互动，也大大增强了少数民众内心对本民族文化的自信、自豪与认同，不仅能调动当地民众的积极性，还具有影响辐射周围区域的扩散传播力。参与者的范围也在不断扩大，包括村民、大众游客、媒体记者、专家学者等，既拓展了传播渠道，又加强了与外界的沟通联系，同时也促进了民族间的文化理解与交流。

通过以上两类不同组织形式的典型事例分析，我们不难看到自发性群体传播非遗仪式的局限性。尽管如此，民族文化的传承与发展也离不开自发性群体的仪式传播。政府部门在重视自身在民族文化传承中的权威地位和组织功能的同时，还应该关注自发的群体所能起到的作用和影响，尽可能地为其创造条件，让民间的积极因素融入政府的民族文化建设总体构建之中，以求取得更好的传播成效。

互联网时代、全媒体时代，及时、海量、多样化的信息丰富了人们的日常生活，各种各样的娱乐方式转移了人们的注意力，对于民族传统文化的关注自然愈来愈少，网络影响下的现代文明冲击着人们的日常生活，民族文化的存活空间变得狭小。由此，大众传媒的引导作用也就愈发重要。大众传媒的民族文化传播可以形成强大的舆论场，因为群体行为大多发生于公众场合，那些迫于环境压力而心里不安的人更容易参与其中。郭讲用认为仪式本身就是传播信仰与意义的媒介，体现在以下方面：一是仪式具有群体传播的特性。仪式以群体参与的方式形成特定的仪式符号、程序、影响氛围等，来传播与日常生活相异的思想价值观念。以传统节日仪式作为载体，使民族共同的信仰、思想、观念、情感等通过群体互动传播得以再现与强化。二是仪式具有大众传播的特性。大众媒介的发展突破了群体仪式的时空阈限。尤其是电视、网络等媒介作为传播工具介入仪式，使得局限于某地的仪式冲破时空障碍，投向隐匿、分散、流动的大众传播。① 仪式传播非遗的组织行为与自发性群体传播非遗仪式，不再局限于特定范围的群体性传播，而具有了大众传播的广阔领域。各种媒介作为观察者，用直接展现民族传统节日和民族重要文化活动的仪式，营造、重塑和强化信仰的意识空间，让人们在认知中接受积极而有意义的民族文化内涵。

---

① 郭讲用：《传统节日仪式传播与信仰重塑》，《当代传播》，2012 年第 4 期。

第三章 跨文化传播理念
与四川藏羌彝非遗

  人类的文明史是由不同国家不同民族的文化构成的，每一个国家的民族文化都在漫长的历史进程中形成了独特的存在形态，有着独特的文化内涵和文化价值。不同国家不同民族所进行的文化交流促进了相互了解和不同程度的认同，相互之间的文化融合与取长补短，推动了人类文化的发展，提升了人类文明的水准。在全球一体化的时代背景下，飞速发展的网络技术极大地推动了国与国、民族与民族之间的跨文化交流。我国的"一带一路"倡议、藏羌彝文化产业走廊都在跨文化的交流中传播着民族文化。每个国家不同民族的文化都有着自己特殊意义的文化象征符，而跨文化的传播正是这些文化象征符的交流互动。本章就跨文化传播理念、四川藏羌彝非遗的特殊符号呈现与跨文化交流等问题进行探讨。

第一节　跨文化传播理念与文化符号功能的认知

跨文化传播关乎民族的交流融合，也关乎国家在全球化浪潮里的文化身份体认。个体进行文化身份的自我体认在全球化语境下势在必行，置身多元化的信息中不能迷失自我，既不能骄傲自大也不能妄自菲薄，要深入了解自己的文化，增强文化自信和文化自觉意识，同时也要通过跨文化的交流互动，促进各个国家多民族之间的文化了解、交融与认同，共同丰富人类文化，推进世界文明的进程。跨文化交流的实现前提是各国文化发展自身的现实需要，在各民族文化交流意向的基础上，构建共通的文化意义空间，增进对不同民族文化符号的了解和认知，促进文明共享和文化认同。

一、跨文化传播与文化符号的重要性

世界各民族的文化都见证着自身民族的发展历程，体现着本民族的精神信仰、生存方式、价值观念与审美情趣，蕴含着本民族的智慧与力量。各民族文化是本民族生存发展的内在动力，也是丰富人类文明不可缺失的积极因素。随着时代变迁和不同民族的相互交流影响，民族文化在不断发展变化中丰富内容，提升品位。全球化的迅速发展增加了世界文明交流碰撞的机会，面对国内外形势的发展，中国高度重视国际、民族之间的文化交流。中华文明拥有悠久丰厚的历史文化积淀，多民族文化成就了丰富多彩的中华文明。世界其他国家众多民族也在漫长的历史中创造和发展了本民族的文化，拥有自己的文明体系。世界上不同国家的文明需要在交流碰撞中实现进步和繁荣，注重发展的国家，在文化观念与交流姿态上是持开放态度的，善于兼收并蓄、扬长避短，汲取其他民族优良文化与本民族文化相融合，促进本民族文化的完善。跨文化传播理念的产生，正是适应现代人类文化高速发展的需要。

国际上对跨文化的研究始于 20 世纪 50 年代，美国人类学家爱德华·霍尔在其《举止人类学》中确立了跨文化范式，他的代表作《无声的语言》被誉为跨文化传播的奠基之作。我国在 20世纪 80 年代开始跨文化传播领域的研究。跨文化交流作为现代传播理念，在学界有不同的理解和观点。有的将它置于国际文化交流的范畴，有的将它置于国内各地域各民族之间文化交流的范畴，有的将两者纳入同一范围，还有的甚至将它列为不同社会阶层与阶级之间的文化交流范畴。在我国近年的跨文化学术研究会上，有学者对关于跨文化交流观念的不同认识做了归纳，认为主要看到的是跨越民族－国家边界的文化之间的交流互动与影响，这也是传统上跨文化传播研究最关注的领域。① 而不同的看法是在一个国家内部，以及各民族、各种族之间和社会阶层/阶级之间，有形无形的文化边界仍然存在；跨越这些边界的、带有不同文化特色的交流和互动同样异常重要。它们极大影响着每个民族－国家内部的社会凝聚力和活力。"② 以上不同的见解，从全面

---

① 何威：《以跨文化传播视角看"二次元"亚文化》，中国社会科学网，2015年 7 月 7 日。

② 何威：《以跨文化传播视角看"二次元"亚文化》，中国社会科学网，2015年 7 月 7 日。

的或局部的角度去看，都有各自的道理。综合不同的意见，笔者认为跨文化是跨越了不同国家、地区与民族界限的文化，是不同国家、民族及群体就自身文化体系的彼此交流互动，既包括文化的输入也包括文化的输出，在彼此文化融合中取长补短，达到丰富提升本民族文化与推动人类文明发展的目的。非物质文化遗产作为跨文化交流中的重要组成部分，作为民族重要的物质与精神记忆符号，丰富了跨文化交流内容，在跨文化中一定程度上代表着民族的国家的形象。

　　跨文化传播作为一道桥梁，实现着不同民族不同地域的人们之间的了解和沟通。在跨文化的文化交流中，我们寻求的应该是互惠互利的文明对话与文化建构，跨文化交流使得不同文明获得新的思想进步的观念，从而重构文化并实现进步发展。随着非物质文化遗产申报、保护、传承与传播工作的推进，目前我国已是世界上拥有非遗数量最多的国家。从藏羌彝文化产业走廊来看，四川是唯一一个集中拥有藏羌彝三个少数民族的省份。藏羌彝非遗是四川非遗的主要组成部分，也是四川文化建设重点内容，影响着四川在全国乃至全世界的文化身份与形象。在跨文化的交流中，让世界人民了解四川藏羌彝非遗文化，从而了解这些民族的社会历史与生存现状，认识到中华民族发展中为人类文化多样性做出的努力以及所取得的成就，可以增进不同文明之间的了解沟通与认知认同，同时也能增强我国各民族维护民族文化记忆的自觉意识，增强文化自信，提高民族凝聚力，促进各民族文化的繁荣发展。从认知方式来看，跨文化交流是不同参与者基于自身文化象征符的交往，正如李彬所概括的，所谓交往行为，就是以符号、语言、意识和文化实践等方式表现出来的人与人之间的相互关系与相互作用，或者说是传播主体之间凭借语言符号、通过对话而达到相互沟通、理解、信任、认同与和谐的过程。①

从传播学意义上讲，人类的生活生产离不开符号的使用，人类区别于动物的本质就在于人类能创造并使用象征符，人类的象征性活动又依赖于象征符的使用。每个民族的文化都是由不同内容和形式的符号来象征的，如不同符号的语言、史诗神话、音乐舞蹈、雕塑绘画、衣着服饰、生活器皿等象征着不同民族的精神内涵与文化特征，不同的文化符号构成了民族之间生活品质、价值观念、审美品位的区别和文明程度的差异。跨文化传播就是凭借文化符号交流实现的象征性社会互动，是传播双方利用象征符进行的意义沟通和交流活动。传播作为一种社会互动过程，其重要功能包括建立和扩大交流双方的共通意义空间，促进双方的理解和认同。跨文化传播的价值，就在于构筑不同民族不同文明共通的意义空间。我们要用开放的眼光，善于将自己的文化进行发掘搜集、整理制作、解码编码以及传递传播，向其他民族、向世界讲好自己民族文化的故事，同时又能以广阔的胸怀吸纳百川，在世界多元文化中交流碰撞、兼容并包、兼收并蓄，从优秀的文明中汲取养分以促进我国民族文化的繁荣发展。联合国《保护非物质文化遗产公约》规定："1. 在本公约中，国际合作主要是交流信息和经验，采取共同的行动，以及建立援助缔约国保护非物质文化遗产工作的机制。2. 在不违背国家法律规定及其习惯和习俗的情况下，缔约国承认保护非物质文化遗产符合人类的整体利益，保证为此目的在双边、分地区、地区和国际各级开展合作。"少数民族非物质文化遗产包括少数民族丰富多彩的民族文化符号，它们具有独特的文化象征意义。这些富有民族特色的文

---

① 李彬：《传播符号论》，北京：清华大学出版社，2012年版，第154页。

化符号是本民族为其他民族所了解的介质与载体，在各民族文化象征互动中，民族文化符号是进行交流互动的象征符，是构筑共通意义空间的必要元素。随着全球信息化程度的日益提高，国际民族文化的跨文化交流日益增多。在民族文化的对外传播中，四川藏羌彝非遗作为中华民族文化重要组成部分，具有特殊的民族标识与价值，应在跨文化交流中得到应有的重视。

二、四川藏羌彝典型象征符的文化意义

人类各民族创造了丰富的符号体系，其中文化意义上的象征符就包括了许多种类。人类最基本的文化符号体系主要由语言符号和非语言符号构成。其中非语言符号的类型主要包括：其一，体态语言系列符号。比如唱歌、舞蹈、体育竞技中的动作、表情、姿势等体态语言，在形成传播情景方面起着重要作用。其二，物化以及各种程式化活动、仪式表演的符号。比如民俗器具、仪式庆典、工艺美术、建筑等各种物质载体的形状、图案、颜色等构成了所表达的文化标识和象征性意义系统。在四川藏羌彝民族地区，三个古老民族发展到今天除了拥有各自的语言符号，还留下了许许多多的非语言符号，这些非语言符号代表了他们独特的宗教信仰、民风民俗和价值观念，体现了他们的勤劳勇敢、智慧善良的精神品质。多元的民族文化艺术汇集了各式各样的民族文化象征符，如民族神话史诗、绘画艺术、音乐舞蹈、手工技艺等。这些文化符号历经多年的历史积淀，凝聚着这个民族在原始社会的想象。图腾信仰、价值观念、伦理道德等文化基因，是在特定时空的产物，具有特定的文化、宗教、世俗意义，也是这个民族区别于其他民族的文化标识。只有深入了解这些民

族文化符号和意义，并在历史与现实的文化语境中不断深化认识，才能在文化交流中形成共通的文化意义空间，促进跨文化交流的顺利进行。我们只有深入探析民族文化符号生成背景的地域空间历史文化，将其形式、内容与理念有机结合起来，才能认知它们的文化内涵与象征意义。根据笔者的了解，新中国成立以来，我国相关文化部门就陆续收集出版了藏羌彝各民族文化的专门资料，记载了他们各自特殊的民族文化符号。改革开放以来，不少学者对藏羌彝文化符号进行了研究，出版了不少专著。近年来，嘉雍群培的《藏族文化艺术》、陈蜀玉的《羌族文化》、王秀旺的《彝族元文化典论》等一批专著对藏羌彝的文化分别进行了比较全面的介绍。笔者根据他们收集的有关资料，结合自己在四川藏羌彝民族所在地区的考察，概括了四川藏羌彝三个民族最典型的文化象征符内涵及象征意义。

（一）藏族典型文化象征符

藏族是中华民族中既古老又人口众多的少数民族，在长期的历史变革和社会实践中，逐渐创造了民族特色鲜明的文化。这些与本民族生活环境息息相关的文化表现为众多文化符号，并赋予这些符号特定的象征寓意。四川甘孜、阿坝以及其他藏族居住区有着丰富的非物质文化遗产，而格萨尔神话、唐卡艺术、藏戏面具、吉祥八宝图等是颇具代表性的典型非遗名录，是民族特色文化符号的载体，体现了藏民族的历史文化发展过程，具有深厚的人文艺术内涵和珍贵的史料研究价值。其中吉祥符号遍布藏族民众的日常生活，在当地各个寺院和普通的藏民家中，都挂有诸如"吉祥八宝""和睦四瑞图"等寓意吉祥平安的壁画和极具文化艺术特色的唐卡，这些寓意吉祥幸福的文化符号凝聚了藏民族的精神信仰和审美观念。"吉祥八宝"整体象征福德、身份和荣誉，构成"吉祥八宝"的八种元素，各具象征意义。其中的宝伞象征社会身份，有庇护、利他的象征意义；金鱼代表美好，象征人们之间的美好感情和美好生活；宝瓶代表知识的宝库，象征智慧；莲花象征高尚品性，另外还象征美女等；右旋海螺代表光明，象征对未来的憧憬；吉祥结具有平安、祥和、如意、快乐等美好的含义。这些象征符主要是通过各种图案和色彩来显示的，其形象特征和象征意义都为藏族文化注入了特殊的内涵与美感。藏戏面具也是藏族非遗中最具代表性的文化符号之一。藏戏起源于8世纪的宗教仪式，直至17世纪从寺院宗教仪式中分离出来，逐渐形成以唱为主，结合诵、表、白、舞、技等基本程序于一体的生活仪式化表演；为了增强藏戏在表演中的神秘感与艺术性，又产生了用于藏戏表演的面具。藏戏演员通过将脸谱画在脸上或是戴假面具的方式来呈现面部妆容效果。藏戏面具是藏戏表演中的重要道具，不同面具各具独特含义，在表演中分别代表不同身份。不同颜色的面具也各具独特的象征意义：红色面具代表国王或大臣，象征权力、威严和正义；绿色面具代指度母、王妃，象征平和柔顺、贤良智慧、美貌端庄；黄色面具代表活佛和神仙，象征神力、吉祥、知识渊博；白色面具代指性情温和、善良高尚；蓝色面具代表勇士，象征正义、勇敢；黑色面具代表恶人，表示凶狠、邪恶；半白半黑面具代表阴险之人，象征口是心非、口蜜腹剑、两面三刀。另外，藏戏面具中还有动物面具，无论什么剧目和演出都离不开各种动物的登台表演，非常典型的如四川甘孜藏戏团中传统的狮子舞和牦牛舞，扮演动物的演员都要戴上面具，象征着藏民族的图腾崇拜。无论是藏戏中的人物面具与动物面具，还是吉祥八宝图、神话史诗、藏服配饰、藏碉建筑，都以其特殊的文化符号呈现，在藏族文化中成为民族趋同的特殊记忆，也在其传播的过程中成为吸引其他民族来了解的媒介符号。

（二）羌族典型文化象征符

在羌族文化里，羊图腾、羊角花、云纹、羌笛都是典型的象征符号。羌人以羊为图腾，关于"羊"的象征符随处可见。《说文·羊部》注释曰："羌，西戎牧羊人也，从人从羊，羊亦声。"①羊文化在羌族生活生产中非常普遍并具有广泛深远的影响，在羌族的婚丧嫁娶、羌年、祭祀活动、羊皮鼓舞、沙朗舞、羌绣等非遗中，"羊"是常见的象征符，认知"羊"的象征意蕴对于了解羌族文化具有重要意义。迄今羌族还有很多关于羊的祭祀礼，将羊与人的命运联系在一起，用羊髀骨与羊毛线作为卜具，卜问生老病死与吉凶祸福，祈求羊保护羌族人平安长寿、吉祥幸福。羌族人将杜鹃花称为"羊角花"，羊角花图案的符号在羌寨的建筑与羌绣制品上随处可见，既象征着姻缘恋爱、美满婚姻，也象征着美好兴旺的生活。羌绣是国家级非遗项目，其民族特征十分显著，所绘图案多寓意吉祥如意、美好幸福。羌族的服饰、绣包等将羊面纹、羊角纹的图案作为刺绣的主体或辅助花纹，色彩鲜艳、装饰感强。羌族人一年四季都喜欢穿着羊皮褂子，不仅是在高寒地区用以保暖，同时还用它护身。在羌民村寨，象征民族图腾的羊头骨或白石安放在寨门或民居屋顶，成为人们日常生活中的吉祥符号。羊的形象被演绎成舞蹈和道具符号，羌族非遗著名项目羊皮鼓舞就源于羌族羊图腾信仰，用于祭神驱鬼、求福还愿的法事舞蹈，后来变成了民间节日庆典的舞蹈。羊皮鼓不仅是释

---

① 许慎：《说文解字》，北京：中华书局，1963年版，第78页。

比的法器，也是舞蹈的主要乐器。羌族民众主要聚居在岷江峡谷的高山之上，被称为云朵上的民族，云纹图案也成为羌族生存环境的象征符号。这样的符号成为羌绣的常见图案，并被评为国家级非遗艺术。羌笛是羌族非遗中的国家级项目，于 2006 年被列入首批国家级非物质文化遗产名录。它是羌族文化中具有代表性的象征符，也是中国古诗词中常用的文化意象，具有悠久的历史和特殊的文化含义，影响了千百年的中华文化。一提到羌笛，人们自然会联想起王之涣《凉州词》中"羌笛何须怨杨柳，春风不度玉门关"、范仲淹《渔家傲》中"羌管悠悠霜满地，人不寐，将军白发征夫泪"、高适《塞上听吹笛》中"雪净胡天牧马还，月明羌笛戍楼间"等许多有关羌笛的经典吟诵。据民俗专家张善云统计，全唐诗里与羌笛相关的作品有 371 首，其中直写"羌笛"有 120 处，写羌笛独奏曲《落梅曲》有 246 首，《闻柳曲》有 25 首。[①] 羌笛不仅象征着中国古代戍边将士的艰辛与悲苦乡愁，还记载着羌人的历史变迁。古羌人属于游牧民族，随着时令战乱而四处奔走，漂泊感内化为羌民族惯常的心理状态。羌笛这种简单轻巧便捷的乐器，羌人随身携带，随时用它抒发内心的情感。在古代漫长的岁月里有羌人的地方，就有羌笛之音。但随着时代的变迁，羌人所在之地已很难见闻羌笛，更何况其他地方。羌笛独特的历史象征意义和民族文化身份，正是国家将其列入非遗重点保护项目的原因，也是我们保护传承羌笛的意义所在。

（三）彝族典型文化象征符

四川凉山彝族以火、雄鹰为图腾，以红、黄、黑三色为民族

---

① 张路延：《边塞诗常客国家级非遗 2000 岁羌笛盼"知音"》，《华西都市报》，2015 年 8 月 24 日。

代表性色彩。这些文化符号具有独特的内涵和丰富的象征意义。在凉山彝族的民族文化形式中，鹰的图案在村寨比比皆是，象征英雄祖先和民族敢于搏击、英勇顽强的精神。在彝族神话中支格阿鲁为雄鹰祖先，彝族代表性服饰擦尔瓦的造型就如雄鹰翅膀，还有鹰爪酒杯、鹰爪项链以及毕摩占卜所用的鹰爪法器都已成为彝族文化的特殊标志符号。三色文化是彝族文化的重要组成部分，不同的颜色有着不同的文化内涵，而并非表象的色彩而已。红、黄、黑仅就是一种表象的，其他民族意识中的"民族标识物"，而非民族自身认为的含有象征意义和文化色彩的符号。①彝族人民尚黑是源于对黑土地的崇拜，他们希望黑土地能给他们带来丰收和兴旺。黑色在彝文化中还代表美好和高贵。彝族非遗项目漆器都是以黑色为主基调，再辅以红黄两色交错相配，色彩明丽、层次分明、高贵大气，反映出彝族人的文化审美心理。从奴隶社会走来，彝族人等级观念根深蒂固，有以血缘为标志的等级之分，等级分为"诺""曲诺""阿加""呷西"，其中"诺"即黑色之意，黑彝是彝族中的贵族，彝族服饰对于黑色的偏好也体现了家支等级观念。彝族对红色的喜爱源于对火的崇拜。彝族以火为图腾，火代表着光明、温暖、吉祥，农历六月二十四也是彝族传统节日"火把节"。在这个传统节日，彝族人围着火塘载歌载舞举行庆祝活动，且认为火塘火焰越高越大，来年的日子就越红火，所以红色在彝文化里象征着吉祥幸福。彝族的酒器、漆器也辅以大量红色。彝族传统建筑上也随处可见红色，有红黑黄搭配的房梁、窗户等。传统服饰上红色也很常见，尤其是青年妇女

---

　　① 韦多安：《凉山彝族文化艺术研究》，成都，四川民族出版社，2004 年版，第 504 页。

的百褶裙、耳饰都为红色。彝族著名神话《支格阿鲁》和《三女找太阳》中都反映了彝族崇拜太阳这一现象。太阳光芒即为黄色，黄色在彝文化中意指正义、美丽、美好的事物等。彝族火把节上，漫山遍野的彝族姑娘打着黄油伞参加节日庆典。彝族漆器也采用黄漆色彩的粗线条分割勾勒出纹样，以此凸显花纹样式，增强漆器色彩对比度。作为民族文化标识的色彩反映了民族生存的地理空间、原始想象、风俗习惯、心理信仰，蕴含着丰富的文化意义。彝族三原色的特殊运用形成了本民族独特的文化象征符，并遍布于彝族各式非遗项目中。

民族文化符号传递民族价值理念及文化精神意义，在共通意义空间里实现情感的沟通与融合。世界各民族的文化离不开传播，传播本身就蕴含了文化的传播，传播也是一种文化现象；文化的社会性以及符号性，使得文化传播成为可能和必然。[①] 大众媒体肩负着民族文化的传播使命，在非物质文化遗产的跨文化交流中，应该把握民族文化符号所承载的文化内涵与精神价值，及时有效地传播相关信息。四川藏羌彝系列的民族文化象征符号构成了独特的文化意义空间，为跨文化传播提供了交流互动的前提。本节对藏羌彝民族典型象征符号的文化阐释，旨在以符号意义的认知为前提，了解这些民族非遗的文化含义，试图建立共通的意义空间，促进跨文化交流的实现。

---

① 沙莲香：《传播学：以人为主体的图像世界之谜》，北京：中国人民大学出版社，1990 年版，第 59 页。

第二节 跨文化传播中的四川藏羌彝典型非遗符号

我国自加入联合国教科文组织《保护非物质文化遗产公约》以来，目前已成为世界上非遗项目最多的国家，我国许多非遗项目都受到世界瞩目。四川少数民族非遗项目里的格萨尔史诗、唐卡艺术、羌笛、羌绣、彝族火把节等在世界范围都颇具影响力，它们不仅是本民族文化的典型代表，也是中国在世界文化里的突出标识。这些举世闻名的非遗作为中华民族文化的形象大使，对跨文化交流做出了重要贡献。目前，四川藏羌彝非遗的跨文化传播途径主要有：跨文化学术论坛交流、非遗传承人的传授、国内外巡展演出、新媒体多样化传播。

一、格萨尔的传播与研究国际化现象

在我国少数民族跨文化传播与研究中，藏族史诗《格萨尔》受到了国内外学界的特别重视，也在不同民族地区产生了广泛深远的影响。《格萨尔》是藏族人民集体创作的一部题材宏大的英雄史诗，如今在国内外的许多地区广为流传。其内容丰富，卷帙浩繁，诗行长达一百多万，文字多达两千余万，超过世界五大史诗字数之和，它的内容在活态传承中处于增长之中。这部史诗包罗万象，集中反映了藏族原始社会的形态和远古文明，同时也融入了不同时代的宗教信仰、文化观念与审美理念，可谓藏民族的一部百科全书。《格萨尔》诞生后在各个地区传诵，成为同民族不同族群地区宗教信仰、本土风俗、民间智慧、族群记忆的主要载体，同时也丰富了唐卡、藏戏、弹唱等传统民间艺术的创作题材。千百年来，各地传承史诗的民间艺人对英雄的丰功伟绩、民族宗教文化知识、民情风俗和民间艺术的讲述，在民族群体中起到了强化民族记忆和文化认同感的作用。《格萨尔》因为在藏文化中的地位以及在中华文化中的影响，2006 年被四川省申报并列入首批国家级非物质文化遗产名录，2009 年入选联合国《人类非物质文化遗产代表作名录》。四川省甘孜州作为格萨尔的诞生地，以"格萨尔"为题材的藏戏、弹唱、唐卡、塑像、壁画、石刻等非遗遍布全州绝大部分地区。近年来甘孜州始终把保护和传承格萨尔文化作为本地区非遗保护的重点工程和重大使命，积极开展格萨尔文化资源普查和抢救整理工作。为了保障这项非遗项目保护传承工作的效果，国内各大藏族聚居地区先后成立了领导机构和学会组织，出版了普查成果《史诗的家园》，创办了史料学术刊物《格萨尔故里》，还大力组织百余名唐卡传人和画师投入了有史以来规模最大的唐卡艺术工程，历时数年绘制格萨尔唐卡一千二百多幅，对传播藏族绘画艺术做出了很大的努力。甘孜已成功举办两届"中国四川甘孜州相约格萨尔故里"学术论坛活动，对格萨尔文化的资源进行梳理，并结合相关的研究成果进行开发利用，在近年开展了博物馆展示、民间艺人说唱、藏戏表演、遗址游览等系列格萨尔故里行文化活动，使"格萨尔"成为甘孜州对外交流的"文化名片"。

《格萨尔》主要流传于我国西藏、四川、青海、内蒙古、甘肃、云南等地的藏族民众中，同时还在这些地区的蒙古族、纳西族（包括摩梭人）、撒拉族、裕固族、普米族、傈僳族、白族等民族中流传，且在不同的民族中形成各有特色的内容和形式。在跨文化的交流中,《格萨尔》还在蒙古国、俄国、卡尔梅克、巴基斯坦、尼泊尔等国家的一些地区流传,融入了这些地区各民族的文化,在当地体现出同中有异的艺术特色。《格萨尔》在国内多地区甚至在国外多民族中传播,成为传承中华民族文化和民族精神、促进世界民族文化交流沟通、推动各民族感情交流和融洽的桥梁。这种跨文化传播曾产生了广泛的影响和积极的作用,但随着全球化进程的迅速发展,商品经济浪潮对传统文化价值观念的冲击,特别是近年来老艺人相继辞世,"人亡剧终"的危机开始出现,格萨尔受众群逐渐缩小,保护和传承传统史诗的任务紧迫而艰巨。为此,各地政府积极采取有力措施,对《格萨尔》及其演唱传人进行了抢救与保护。

四川藏族聚居区的格萨尔故事丰富着《格萨尔》的内容,并具有地域文化特色,其丰富多彩的内容不仅保护完好,还以活态的形式在继续传播与传承。据笔者调查,四川藏族聚居区关于《格萨尔》的传承,不仅有传人说唱,还以格萨尔舞台剧、格萨尔歌舞、格萨尔藏戏、唐卡等形式演绎传播,直至今日人们还在不断挖掘整理出新的格萨尔史诗故事,特别是最神秘的神授艺人说唱格萨尔,受到了大家的普遍崇拜和欢迎。

《格萨尔》已经被公认为是藏民族对人类文明的重要贡献,为世界人民所喜爱。除联合国教科文组织外,有俄国、德国、英国、美国、法国、蒙古国等40多个国家专门设立机构研究格萨尔文化。1989年第一届格萨尔国际学术研讨会在成都召开。2015年9月第七届格萨尔国际学术研讨会在成都举办,来自中国、德国、乌克兰、新西兰、韩国等国家和地区的150余位专家学者参会,对格萨尔研究当下成果和发展趋势进行了交流。学界对学科史和学科建设进行了反思,认为在格萨尔文化理论的研究中，转换学术范式是一项紧迫的任务，在实践应用中应将《格萨尔》史诗作为一个整体的活态传承系统，在学界、民间和政府三者之间建立长效的联动和协作机制，协调各地制定格萨尔保护和开发措施，并对传唱艺人保护、文本演绎限度等进行进一步的研究。全国格萨尔工作领导小组办公室主任诺布旺丹认为，这次会议是在第六届格萨尔国际学术研讨会时隔9年后再次举办的格萨尔学术盛会，9年来国内外有关研究取得了丰硕成果，年轻学者相继加入，这是格萨尔研究的希望和未来。全国格萨尔工作领导小组常务副组长、中国社会科学院民族文学研究所所长朝戈金认为，近年来，中央和地方政府以及有关文化部门都加大了对格萨尔文化的保护和发掘力度，已搜集到不少格萨尔文学的资料。在今后的研究和传播工作上，一定要做到理论化和数字化。厚重的格萨尔书籍不方便现代年轻人依赖移动终端的阅读习惯，更不方便查阅携带，会影响年轻人的阅读情绪。数字化将是格萨尔研究、记载、查阅最好的方式，也是它传承的出路。必须通过多媒体方式，才能让更多的人了解、接受格萨尔。① 他的发言明显地突出了现代媒体对于格萨尔文化传播的现实意义和重要作用。四川藏族聚居地区不仅重视发掘研究格萨尔文化，同时十分注重媒体多途径的宣传。对《格萨尔》新篇《邱岭大战》整理工作的宣传就是典型的一例。《邱岭大战》是甘孜州首次发掘整理出《格萨尔》英雄史诗的全新篇章，是当地近年格萨尔文化研究方面最重要的成果，填补了甘孜州格学研究上的空白，为世界格萨尔文化研究做出重大贡献。这项成果必将对深入挖掘、研究、传承和

----

① 《第七届格萨尔国际学术研讨会在成都举行》，中国西藏网，2015年9月15日。

保护格萨尔文化，提升甘孜州文化品牌，促进甘孜州文化大发展、大繁荣产生深远的影响。为了推动《格萨尔》新篇《邱岭大战》的整理工作，甘孜州康巴文化研究院会同州非物质文化遗产保护中心于 2017 年 11 月 25 日在成都召开了启动仪式，该启动仪式获得媒体的高度关注和广泛报道。康巴卫视、中国新闻网、新华网、搜狐、网易新闻、新浪新闻、凤凰网、中国网、东方网、华夏经纬网、四川广播电台、中国西藏网、21CN、和讯新闻、未来网、中国青年网、藏人文化网、中国国学网、大众网、中国藏族通网、西藏在线、聚行业、浙江文化厅、河南文化产业网、深圳第一新闻、多彩贵州、甘孜新闻网、微甘孜等 30 余家大型媒体和自媒体平台直接参与报道，播发新闻宣传稿件近百篇，网络转发量达到数十万，点击关注者之多，宣传力度之大，宣传效果之好，堪称空前。①

二、唐卡绘画的跨文化传播——尼玛泽仁现象

在跨文化的交流中，既有异质同构，也有同质异构。跨文化的交流推动着不同地区文化的发展。出生于四川巴塘的唐卡画师尼玛泽仁就是将传统唐卡绘画技法与中国画以及西方绘画技艺相融合的一位典型"新"唐卡画师。他因在唐卡艺术上的传承和创新，获得"班禅画师"的称号，被业界推选为中国少数民族美术促进会会长，代表作有《格萨尔王》《元蕃瑞和图》等。在长期的传承实践中，尼玛泽仁活态地将传统的藏传佛教绘画发展成当代艺术，创造的新唐卡既是跨文化交流的成果，也是跨文化传播

① 康巴文化研究院，中国甘孜门户网站，2017 年 12 月 7 日。

的对象，在国内和国际的交流中引起了艺术界和传媒界的高度重视。

　　传统唐卡以画言史，以画叙事，题材涉及藏族的历史、政治、文化和社会生活等诸多领域，主要表现佛的世界，包括藏族传说中世界的形成、藏族的起源、宗教教义、历史事件、人物传记、西藏风土、民间传说、神话故事等，内容极为广泛，可称作藏族的百科全书。传统的唐卡是用彩缎装裱后悬挂供奉的宗教卷轴画，画中主要内容为佛像，佛像的坐姿都由历代僧侣画师遵照模式与规范绘制。而在尼玛泽仁的观念中，新唐卡则应在继承传统的基础上保留宗教文化与艺术特点，同时要走出宗教殿堂，表现民众丰富多彩的生活，具有新时代文化精神的内涵。他的代表作《元番瑞和图》《雪域》《有故事的土地》等实践了自己的文化理念，体现出藏汉文化和西方现代艺术相融合的独特风格，在玄妙的意境中涌动着庄严肃穆的宗教氛围，蕴藏着藏民族对世界的感知和藏文化的内在精神。他的绘画由于源于藏族绘画艺术特色鲜明突出的唐卡，因此保留了藏画技法及色泽鲜明、造型夸张和超时空的特征，同时拓展了传统唐卡画的表现空间，融汇中国画的线条和西方艺术的立体造型手段，凸显了新的绘画技艺。早在20世纪80年代，尼玛泽仁和画友合作的《格萨尔王》获得金奖后，十世班禅额尔德尼·确吉坚赞赐封尼玛泽仁为十世班禅画师，希望他发展藏民族的绘画艺术。十世班禅在圆寂前一年嘱咐他今后一定要把藏文化带向国际，证明藏族文化今天的发展。尼玛泽仁1993年秋天第一次走出国门，首次在美国波士顿、华盛顿举办画展就引起了轰动，得到了美国重要媒体报道。回国后，四川政府的文化部门在对他的嘉奖证书中评价道："尼玛泽仁以高超的艺术、渊博的知识、坚定的立场，弘扬了民族文化优秀成果，维护了民族团结和祖国统一。"跨文化的交流让尼玛泽仁提高了民族文化的自信感，在看到我国民族文化艺术对外产生魅力的同时，也看到了他国民族文化艺术的长处，自觉地在民族文化的融汇中寻求新的创作题材和表现艺术。在"5·12"汶川特大地震后，尼玛泽仁以"大爱无疆"为主题，描绘国家领导、人民军队奔赴现场奋力救灾的感人画面，创作出《中国的力量》并在北京展出。2015年又创作《腾冲中国远征军的回忆》，纪念中国人民抗日战争暨世界反法西斯战争胜利70周年，表达了缅怀先烈、珍爱和平的主题。尼玛泽仁的艺术实践让我们看到唐卡艺术在传统题材和绘画技巧的基础上，是可以顺应时代变化，拓展创作空间和创新艺术的。在跨文化的交流中，尼玛泽仁富有创意的唐卡赢得了世界各地观众和学者的认可。他先后在中国港澳台地区以及法国、美国、瑞士、德国、英国、西班牙、比利时、澳大利亚、加拿大、奥地利、卢森堡、意大利、墨西哥、印度、日本、韩国等国的博物馆、美术馆举办个人大型画展和联展，获得国务院新闻办、外交部、文化部嘉奖以及四川省文联特别为他颁发的特殊荣誉证书，在国际上则获得英国利物浦市"国际杰出艺术家"和美国巴特鲁治市政府"荣誉市长"证书。中央电视台《大家》《东方之子》《面对面》《发现之旅》栏目以及中央数字电视书画频道、国学频道等多家媒体为他拍摄了多部个人专题片，《中国文化人物》《人民日报》《光明日报》等多种报纸杂志均有他的个人专题介绍。德国文化人类学传播论派学者格雷布尔认为，不同的文化区域之间是存在"文化波"[①] 的。尼玛泽仁取得的成就和经验告诉我们，只有适应时代的发展需要，从跨文化的

---

① 林惠祥：《文化人类学》，北京：商务印书馆，1991年，第36页。

交流中获得新的创作元素，借鉴中西传统与现代的优秀艺术，才能使唐卡的生存发展具有更强的生命力。同时，人类文化的发展繁荣需要不同地域、不同国家、不同民族之间的文化进行相互之间的学习与影响。尼玛泽仁在《尼玛泽仁——中国画家眼中的"一带一路"》中讲道："画家作为一个民族文化的使者，带着一种美好和平的愿望，真诚的微笑，热情地用画笔去描绘他们的国家，因为符合他们的审美，写生的时候得到了很多外国朋友的喜欢，他们看到中国画家在很短的时间里把古老的斗兽场、教堂等迅速地画出来，感到由衷的赞美。绘画作品使我们在感情上达到了一个很深层次的交流，促进了国家之间的友谊。"① 他用自己的亲身体会阐释了跨文化交流的重要意义和作用。

值得注意的是，在唐卡的跨文化交流中，典型人物不仅有尼玛泽仁，还有青海果洛的热贡唐卡传承人娘本。娘本在唐卡艺术的传承基础上进行了创新探索，在唐卡派系艺术以及国内各民族绘画艺术的互相借鉴中取得了显著的成效。娘本以前画的都是反映佛教故事的传统题材，当他被评为非遗传承人以后，他觉得唐卡技艺和民族文化特色是我们永远要保护的，但题材方面要积极创新。2015 年他画了 3 幅《奥运吉祥图》，新中国成立 60 周年他画了《文成公主进藏图》和《开国大典》，颜料、技艺都是沿用传统唐卡的制作方式。娘本认为要从题材创新这个角度去发扬唐卡艺术。除了非遗传人的跨文化交流，诸如民族文化团体跨国演出、成都国际非遗节这样的国际性展览，展出了藏族唐卡各地区各派系作品，为藏族唐卡提供了交流借鉴的平台，在国内外产

① 《尼玛泽仁——中国画家眼中的"一带一路"》，《北京广播电视报》，2017 年8 月1 日。

生了良好的影响，还在国内外媒体的报道中得到了跨国跨地区的传播，扩大了民族文化艺术的世界影响范围，并为艺术成品迎来了广阔的市场。

三、跨国演出传播和非遗国际展览

文化的输出与输入在现实社会变得日益频繁，随着非物质文化遗产保护传承工作的推进，我国少数民族优秀的非遗项目越来越得到世界的关注和向往。在"讲好中国故事，让中国文化走出去"的时代主题下，我国的文化传播策略倾向于进一步挖掘博大精深的文化资源，加强跨文化交流，弘扬民族文化精神。这对于提高我国国际文化传播影响力、提高我国文化产品在世界市场的占有率、推广中国文化具有积极的意义。

近年来，四川藏羌彝非遗不仅在国内获得了更多的展示平台，也得到国际邀请，在一些国家进行展出或表演，这给世界认识了解神秘的藏羌彝非遗提供了很好的传播途径。自 2007 年以来，四川成都已连续承办了 7 届国际非遗节。活动期间举办国际论坛、国际非遗大展、非遗竞技成果展、传统的表演艺术和民间节气展演、中国传统表演艺术进社区和主题分会场、非遗传播推广等活动。在展期内，来自国内外的众多非遗项目汇聚国际非遗博览园。在藏族彩绘石刻、唐卡绘画、面具制作、羌绣、羌笛、彝族漆器服饰等各式非遗物品的制作展示过程中，中外游客向非遗传承人学习非遗制作技艺，交流非遗文化。在各种演出中，也有不少少数民族音乐舞蹈节目吸引了众多中外游客的参与互动，游客可以现场感受少数民族文化的特色与韵味。各种新媒体对相关的内容都进行了新闻报道，录制了影视节目、视频资料予以传播，迅速在国内外产生了广泛的影响。四川各少数民族地区利用当地民族文化资源优势，将富有特色和文化价值的非遗推向国际，在跨文化的交流中产生了良好的反应。阿坝藏族羌族自治州非物质文化遗产展演 2017 年在泰国曼谷中国文化中心举行。展演由曼谷中国文化中心、北京民族文化遗产保护基金会和四川省阿坝藏族羌族自治州文化广电新闻出版局共同主办，呈现了传统舞蹈、音乐、民族器乐、服饰走秀等富有浓郁民族特色的节目。除演出外，中国文化中心还举行了非物质文化遗产展览展示，展出藏族服饰制作技艺、藏经石刻技艺、藏族木刻版画祥巴、唐卡、藏医药等，并现场演示了藏香制作、羌笛演奏等。中泰两国外交、文化部门相关官员及泰国广大观众观看了展演。阿坝州民族歌舞团还先后参加四川省文联艺术团赴圭亚那、巴西、牙买加文化交流活动，为这些国家的民众送去了《踏锅庄》《藏鼓神韵》《鸽子花开》等极具四川藏族特色的民族歌舞，加强了国际人文交流，增进了相互了解和友谊。凉山州民族歌舞团不仅在国内跨地区演出《快乐的诺苏》《红披毡》《阿哥，追》《金色的铃铛》《阿莫惹妞》《席勒的红裙》《彝族达体舞》，还在历届国际非遗节上对国内外各民族的观众进行表演。国内外媒体对这些演出活动都及时报道，极大地拓宽了民族文化的跨文化传播范围，并扩大了民族文化的跨文化传播影响。

四川少数民族地区的《格萨尔》史诗神话、藏戏、唐卡艺术和羌笛、羌绣、羌族多声部民歌以及彝族舞蹈、服饰、漆器等民族非遗多次在国外参加展演，或在国内的国际性活动中参加展演，已产生了国际影响，成为世界人民了解中国少数民族文化的标志性符号。要在讲好中国故事和传播中国文化中进一步宣传四川藏羌彝文化，我们还应不断挖掘新的文化元素和内涵，将现有的民族文化元素推陈出新。例如，四川藏羌彝各民族的创世神话都有许多精彩故事，包括羌族的《猴人变人》《燃比娃取火》，彝族的《支格阿鲁》，这些神话故事既有与其他民族神话故事相通的地方，又体现了这些民族在各自独特的历史地理文化背景下形成的特色内涵，是可以深入挖掘并承继传播的。通过更多的国际交流展演，借助新媒介技术实现新时代的跨文化传播，四川藏羌彝文化产业走廊可以拓展更大的空间，让本地民族非遗在国际上获得更多的了解和认同。

第三节　四川藏羌彝非遗跨文化传播的新机遇

在跨文化传播中，国家的文化政策保障着民族文化的发展与交流。善于因地制宜、因势利导地利用国家文化政策，就能在跨文化的交流中获得更大的平台和成效。政策促成的文化态势影响传播内容，传播也影响着文化发展的方向和效果。随着大众传播技术和手段的革新，文化传播得以便捷高效地推进。民族文化的交流融合，依赖于传播工具、文化交流的政策环境以及文化环境氛围。在全球化的快速进程中，我国提出的"一带一路"倡议与制定的藏羌彝文化产业走廊规划，大众传播技术的快速发展和强大传播力，都为四川藏羌彝非遗的跨文化交流传播带来了新机遇，提供了前所未有的有利条件。

一、"一带一路"延伸的非遗空间

"一带一路"作为国与国之间政治经济文化的桥梁与纽带，促进了沿线国家的文化经济多方交流。藏羌彝文化产业走廊核心区域包括7省（区）11个市（州、地区），覆盖面积超过68万平方千米，区域内，藏、羌、彝等少数民族人口超过760万。藏羌彝民族文化资源在这个走廊中占据核心地位。近十年来，四川藏羌彝非遗虽然在跨文化的交流中取得了一定的进展，在其他国家和地区产生了较好的影响，但远未达到理想的程度。国家"一带一路"建设和地方政府的规划措施，给藏羌彝文化的发展带来了全新机遇。四川藏羌彝非遗的跨文化交流不能囿于以往的经验和做法，要用新的视野去观察"一带一路"连接的广阔空间，把跨文化交流放在"一带一路"的大格局中去展开。因此，面对如何在"一带一路"沿线国家和地区进行跨文化交流，以及如何开发民族文化产业，怎样对四川藏羌彝非遗进行生产性保护等现实问题，都必须用新的思维、新的价值观念和新的措施去应对。

四川藏羌彝文化产业走廊并非行政区划，它是国家文化发展战略的一个地域性民族文化空间概念。与"一带一路"联系起来，其空间就不再是原有地域意义上的范围，而是非常广阔的国内外活动平台，这是四川藏羌彝非遗跨文化交流新的空间优势。在这个走廊集中的藏羌彝多民族文化特征构成了其他地区没有的跨文化交流优势。藏、羌、彝三个民族的历史文化、宗教信仰、民族风情等非遗资源，与其他地区和国家相比，具有鲜明的异质文化特色与可交流的民族通融性。我国多民族之间有历史性的互通基础，在其他国家多民族之间也有现实的交流需要，民族文化是能从"一带一路"通向世界的。藏羌彝三个民族的文化资源都很丰富并各具特色，国家对相关保护和发展工作持续提供经费和物质支持，突出了加快发展、科学合理发展和推进可持续发展、以发展来解决现实问题的主题。四川地方政府根据藏羌彝非遗资源的不同价值与特色制定保护传承措施，有序地推进文化产业的发展，要求突出"一州一品""一县一品"的非遗宣传与开发。近几年来，四川甘阿凉三州无论是举办本地区的节日庆典演出，还是参加全省、全国乃至国际性的文化交流活动，都能选出民族非遗中最有代表性的戏剧舞蹈、音乐器具、服装配饰、绘画工艺等节目展演。为了稳定有效地传播交流本民族文化艺术，同时也是为了对非遗进行生产性保护，甘阿凉三州均成立了具有民族特色的演艺团队，拥有相对稳定的演出队伍，并能进行常态化表演。这种传播非遗的形式不仅与本地、与民族群众进行了交流，也与外来游客进行了交流。

甘阿凉三州的藏碉、羌碉、原生态锅庄文化、羌年、彝族年、彝族火把节、羌族多声部民歌、瓦尔俄足节、羊皮鼓舞等都是四川藏羌彝文化产业走廊的非遗代表性项目，如果能够形成文化特色品牌，通过"一带一路"走向更广阔的国际文化交流空间，对藏羌彝文化产业走廊的建设和发展来说无疑有着极其重要的现实意义。

二、新媒介拓展的跨文化传播平台

美国未来学家阿尔文·托夫勒认为，文明越是多样，技术、能源和人民的变化越多，就越需要大量的信息在它当中流通，特别是当各组成部分必须作为一个整体组合在一起，而又经受着巨大变化的压力时，更是如此。① 正是人类文明的交流互动，形成了人类文化发展的基本动力。四川藏羌彝文化产业走廊的发展，也需要在跨文化的交流中传递信息、获取信息，因势利导地在民族文化的交流中促进本民族的发展。

21世纪以来，得力于发达的通信卫星等技术，全球信息化水平快速提高，国与国之间的政治、经济、文化信息流动频繁，跨文化传播进程得以扩展和深化。国际化的媒介传播速度又将各国文化理念、生活方式等推上跨国传播的渠道，以不同的文化内容与形式进行交流共享。麦克卢汉认为促使一个社会变迁的往往不是这个社会的媒介信息，而是这个社会产生的媒介本身。传播技术的变革，对社会文化的传播途径、方式的改变，对人们媒介习惯的改变，以及信息本身对社会产生的作用，都会影响整个社会的发展变革。今天，技术的进步使媒介触角延伸到世界的大小角落，我们不缺媒介，不缺传播对象，只是更需要擅长传播信息的传播者。少数民族非物质文化的媒介传承应该注意反映民族精神特质，而非无差别的、模式化、同质化、千篇一律式传播。所以，大众传媒需要挖掘民族文化符号思想内涵，而非浅表式地传播；应通过传播非物质文化遗产这样无形的文化形式，折射出这些少数民族的宗教信仰、精神气质、价值观念、思维方式、审美情趣和风俗习惯等内涵，将非遗依附于受众乐意接受的有形媒介符号。网络媒体的高度发达为四川藏羌彝民族的跨文化传播提供了便捷有利的条件。随着三网融合的深入推进，网络信息触角延伸到全世界大小村落，民族文化也从遥远陌生的境地被推向全球

---

① ［美］阿尔文·托夫勒：《第三次浪潮》，朱志焱、潘琪、张焱等译，上海：上海三联书店，1983年版，第228页。

供各国人们欣赏和了解。来自中国互联网络信息中心（CNNIC）发布的第 47 次《中国互联网络发展状况统计报告》显示：截至 2020 年 12 月，我国网民规模达 9.89 亿，互联网普及率达 70.4％，其中农村地区互联网普及率为 55.9％。我国网络视频用户规模达 9.27 亿，其中短视频用户规模为 8.73 亿，占网民整体的 88.3％。[①]

数字化改变了人们的生活内容和方式，极大地提高了生产效率，文件印刷、图书出版、广播电视、电影等数字化产业发展迅猛，网络数字化阅读和视听应用十分普遍，形成了时尚现代的生活方式，同时也为民族文化创意产业的"跨界"发展提供了技术条件。信息网络将世界连在一起，互联网突破了非遗的地域限制，相对于传统媒体更具便捷、受众广泛等优势，为四川藏羌彝非遗提供了面向全国甚至全世界的更为广阔的舞台。非物质文化遗产的传承特点更适合新媒体图文并茂、音频视频融合、参与互动性强的传播方式。新的传播方式更有利于突破跨文化交流的语言障碍。多媒体和互联网为人们提供了丰富的信息，改变了传统的受众被动接收信息状态，增强传受双方的互动影响，甚至使得人人都可能成为传播者，跨文化跨国界传播频繁，推动了各国各地区文化的交流。充分利用这些条件，四川藏羌彝非遗的跨文化交流将会获得长足的发展。

[①] 中国互联网络信息中心·第 47 次《中国互联网络发展状况统计报告》，CNNIC，2021 年 2 月 3 日。

第四章　发展传播与四川藏羌彝非遗文化产业

　　从传播学的视角观照文化产业对于地区发展的影响，是发展传播领域的一个具有重要现实意义的课题。四川藏羌彝少数民族非遗是民族地区重要的文化资源，当地政府不仅在保护传承与传播上十分重视，在开发利用上也将其纳入民族地区文化经济发展规划。在"一带一路"倡议措施的推动下，四川藏羌彝非遗文化产业正在兴起的过程中，也正面临着如何开发非遗资源，怎样处理保护、传承、传播与开发利用的关系，怎样面对产品生产与市场消费中的异化现象等问题。这些既需要政府政策性的指导，也需要大众媒介多方位的舆论监督。在藏羌彝文化产业走廊大力发展文化产业、文化创意产业，推进文化供给侧改革，建设美丽乡村，促进民族地区经济社会全面发展的时代背景下，发展传播的意义更加突出。

第一节　发展传播与民族文化产业

　　在特定的社会背景和历史条件下产生的传播学无疑是肩负着时代使命而来的。20世纪50年代，丹尼尔·勒纳阐释了发展传播的内涵以及它对于第三世界国家的现实意义，而发展传播学要实现真正意义上的中国化也必须立足中国国情解决国内发展所面临的实际问题。发展传播的中国化要义就在于，我们不仅要借鉴西方发展传播学理论，用以促进我国本土化传播，还要不断促使我国传播学的丰富和发展。在发展传播的实践中，要适应全球化发展，不断加强和完善我国信息基础建设，使人们便捷高效地接受和参与全球信息资源的交流共享。而大众传媒应该提高信息传播的水平，推介新媒介、新观念、新思想，积极发挥推动社会全面发展的作用。这正是大众传播媒介工具理性和价值理性的回归，是媒介社会化功能的体现。四川藏羌彝非遗作为藏羌彝文化产业走廊的重要内容，在供给侧的改革中要成为开发利用的宝贵资源，要在"一带一路"建设中获得文化与经济效益兼顾的平台，都需要具有发展传播的观念。

一、发展传播的内涵与现实意义

　　自20世纪70年代以来，发展中国家国际地位逐渐上升，在国际上也发挥着越来越重要的作用，这自然与这些国家的大众传播制度和传播发展策略息息相关。20世纪七八十年代，大众传播理论被介绍到我国内地，并引起了广泛关注。人们逐渐意识到，大众传播的社会化功能对于国家、社会的发展具有重要意义。不同国家有不同的历史和现实条件，所以都应该根据自己的具体国情，量身定做适合自身发展的传播制度与体系。英国传播学家丹尼斯·麦奎尔归纳了发展中国家的传播制度与媒介规范理论，其中包括：一是大众传播活动应该与国家的政策保持一致，以推动国家发展为首要任务；二是媒介的自由伴随着相应的责任，媒介自由必须在遵循经济优先的原则和满足社会需求的前提下接受一定的限制；三是在传播内容上，应该优先传播本国文化，优先使用本民族语言；四是在新闻和信息的交流合作领域，应优先发展与地理、政治和文化比较接近的其他发展中国家的合作关系；五是在事关国家发展和社会稳定的利害问题上，国家有权对传播媒介进行检查干预、限制乃至实行直接管制。① 大众传媒通过信息的传播可以实现监测环境、引导舆论、汇聚民智民力、沟通协调、参与决策、宣传教育等社会化功能，信息传播能快速有效地促进国家发展。传播学之父威尔伯·施拉姆重点阐述了信息传播对发展中国家发展的重要作用，他在《大众传播媒介与国家发展：信息对发展中国家的作用》中曾讲到，有效的信息传播可以促进社会的政治经济文化发展，促进社会的变革，还可减少变革过程中的痛苦与困难。美国传播学家埃弗雷特·罗杰斯在他的《创新与扩散》中也具体阐述过新技术和新理念的引进与使用可以转化为现实生产力并带来社会效益的理论和事例。如麦

---

① See D. McQuail, *Mass Communication：An Introduction*, London, Sage Publications, 1983, Chapter 3. 转引自郭庆光：《传播学教程》，北京：中国人民大学出版社，第 148 页。

克卢汉所坚持的那样，推动一个社会发展的是这个社会的媒介，将媒介功能与它所实践的社会变革结合起来，才能体现媒介的社会功能。可以说，如果没有成熟完善的大众传播体系，就没有高效运作的现代社会机构。丹尼尔·勒纳在《传统社会的消失：中东的现代化》（1958）中提出，在现代社会，大众传媒作为专业化的社会组织机构，具有强大的经济实力和文化影响力，其在社会生活中发挥着传播信息、普及教育、参与政治、舆论监督的作用，并促进人的现代化。这里的现代化是指人们摆脱传统社会长期造成的惰性心理，勇于接受与自身经验不同的新思想、新事物，关注个人经验范围以外的事。如果从文化传播和遗产传承的角度思考大众媒介，可以得出：大众媒介在促进文化遗产保护政策体系的完善，引导社会舆论，激发群众的文化主体意识与文化自觉意识，促进文化认同，营造保护传承非遗的良好氛围和帮助人们寻找科学有效的非遗保护传承发展途径等方面，都能发挥重要作用。

民族地区人们的文化观念和价值理念也影响着非遗保护传承工作的进行。"大众媒介的信息传播，特别是有关新事物的传播有助于个人对新观念、新思想、新技能的认识和选择，它能逐步消除人们对新观念等的不确定性，并通过大量有利于变革的新事物的传播，形成与传统观念中的落后意识的鲜明对照，从而刺激人们在认识、情感和行为上的发展要求，指导人的观念变革方向。"① 大众传媒通过信息传播和新事物、新思想的扩散，可以影响少数民族地区人的生活习惯和思维模式，推进少数民族地区

---

① 王怡红：《大众媒介对观念现代化的影响》，《新闻传播研究》，1990 年，第 2 期。

现代化进程。大众传媒将国家关于非遗的政策措施和各地的经验教训，通过多渠道多方式传播到各民族地区的同时，还将国家重视民族文化的观念也传播到这些地区，通过媒介信息的宣传引导，潜移默化地影响人们的思想观念，为非遗工作的开展营建舆论环境。大众传媒在促进国家社会发展的同时，也促进了人的发展，铸就了真正具有现代意义的个体。所以大众传媒与社会发展的内涵应该包括社会系统的层面和个人的层面。就社会系统层面讲，它是促进国家政治、经济、文化、社会全面发展的重要因素之一；就个人层面讲，大众传媒对人的现代化有着重要影响，人的现代化是指人接受新的思想、遵循现代的生活方式。大众传媒激发人们重视民族文化资源，增强文化保护和传承意识的过程也是潜移默化的。大众传媒可以帮助人们突破地理界限，开阔眼界，通过信息传递功能，培养发展社会成员的现代人格，加快现代化进程。① 大众传媒可以以信息传播的方式影响人们的思想观念，改变民族地区现存的一些落后、保守、故步自封的观念，培养人们的民族文化自信和保护传承民族文化的自觉意识，同时激发人们的文化资源开发利用意识，激励人们用发展的眼光关注现实，发展文化产业、文化创意产业，带动地区经济发展。

一个国家或地区的落后不仅仅是指经济的落后，往往还表现为一种消极的心理状态。而这种心理意识又往往决定了以后的发展状态。所以一个国家或地区的发展首先应该是人的发展。人类文明的进程得益于人类本身的进步，从落后保守的观念转变为易于接受创新的现代化观念，大众传媒正为社会和人的发展打开信

---

① 陈崇山，孙五三：《媒介·人·现代化》，北京：中国社会科学出版社，1997年版，第7页。

息的窗口。如果从文化规范理论角度考量，可以说媒介不仅直接影响个人，还影响文化、知识的储存、社会的规范和价值观念。媒体提供了一系列的形象、观念和评价以让受众成员们从中选择自己的行为方向。① 美国当代学者泰拉尼安的"社群主义"论也着重强调了发展从物的方面到人的方面，从大众媒介的中心地位到人际传播以及传播网络构建的重要性，内外因素并重，等等，强调信息革命与知识经济的共同趋向，全球范围内文化多样化共存交流发展的同趋势。② 特别是在拥有丰富的民族文化资源、经济社会欠发达的我国少数民族地区，通过大众传媒培养人的现代性意义深远。国家信息基础建设、大众传媒可以对这些地区做出适当的资源倾斜，发挥大众传媒与传播方式的整合传播作用，结合各地区不同的民族地域文化特点，实行全方位网状式、内外并行、时时监测反馈的传播方式，有针对性地传播扩散新观念、新技术，实现少数民族地区和人的现代化过渡。大众传媒形成现代文明的舆论信息环境，可以宣传引导人们改变陈旧价值观念，接受新思想、新信息，培养人的现代化性格。如德国哲学家韦尔施所言：倘若广告成功地将某种产品同消费者饶有兴趣的美学联系起来，那么这产品便有了销路，不管它的真正质量究竟如何。你实际上得到的不是物品，而是通过物品，购买到广告所宣扬的生活方式。而且，由于生活方式在今天为审美伪装所主宰，所以美

---

① ［英］丹尼斯·麦奎尔、（瑞典）斯文·温德尔：《大众传播模式论（第 2 版）》，祝建华译，上海：上海译文出版社，2008 年版，第 87 页。

② 殷晓蓉：《当代美国发展传播学的一些理论劲向》，《现代传播》，1999 年第 6 期。

学事实上就不再仅仅是载体，而成了本质所在。①

　　我国少数民族地区作为非物质文化遗产生存发展的主要原生态文化空间，其社会经济文化环境是少数民族非遗存活的土壤，而非遗作为重要的文化资源，其保护传承工作亦关系到我国广大少数民族地区的经济文化建设及乡村文明进程。几乎与我国加入联合国《保护非物质文化遗产公约》同步，2005 年中国共产党十六届五中全会就正式提出了建设社会主义新农村的任务，其中包括生产发展、生活宽裕、乡风文明、村容整洁、管理民主等几大要义。2008 年，我国在《关于推进农村改革发展若干重大问题的决定》中也重点强调要加强农村文物、非物质文化遗产保护。一直以来，随着中国特色社会主义新农村建设、美丽乡村建设、全面振兴我国农村等战略措施的推进，非物质文化遗产也被纳入我国农村建设的主要内容，得以并存观照。

　　四川藏羌彝文化产业走廊位于我国西部偏远少数民族地区。这些地区受历史地理条件所限，经济文化水平普遍不高。但作为藏羌彝文化产业走廊的重要组成段，四川拥有丰富的少数民族文化资源，其中多为非物质文化遗产，项目众多且分布广泛。这些项目部分入选联合国非物质文化遗产保护行列，是重要的文化资源；部分极具现实开发利用价值，一旦投入市场，就能产生显著的经济效益。四川境内藏羌彝非物质文化遗产在四川整个文化产业链条上发挥着重要作用，特别是 21 世纪以来，随着国家对非物质文化遗产保护传承的重视以及文化产业的振兴发展，文化被投入市场，得到生产性、技术性的保护传承。由此得以开发利用

---

① ［德］沃尔夫岗·韦尔施：《重构美学》，陆扬、张岩冰译，上海：上海译文出版社，2002 年版，第 7—8 页。

的文化资源也丰富了人们的物质精神生活，大大激发了国民经济的创新活力，可谓实现了科学化、活态化的文化保护传承。例如，民族地区的非遗项目拉动了当地的旅游产业，带来经济效益的同时又促进美丽乡村建设。

新农村建设和非遗保护共同面临着发展理念和主体价值观念问题。通过生产性保护发展文化产业，不仅可以保护传承非物质文化遗产，还可以带动地方经济文化的发展。生产性保护也是非物质文化遗产保护的一条重要途径。将非物质文化遗产可以产生商业效益的部分合理地投入市场，通过市场机制既能激发文化产业创新活力，又能扩大非遗的影响，从而实现良性的活态保护与传承。随着市场经济的发展，人们文化素质普遍提高，更加追求高品质的物质生活与精神生活，文化资源的可创造性和可持续发展性都具有较大的市场空间。让文化资源成为重要的、占有较大份额的市场经济组成部分，进一步挖掘和利用文化资源价值，大力发展文化产业和文化创意产业，也是国家的重要战略举措。同时我们应该警醒，以发展的眼光开发利用文化资源，选择生产性保护的路径，不能为了商业利润而破坏文化生态，不能过度开发、扭曲异化、浪费滥用文化资源。冯骥才先生在 2006 年就曾发文指出："应以全面的、科学的、协调的发展观为统领，将文化遗产的保护率先列入新农村建设的总体规划之中，千万不要把'新农村'变为'洋农村'。"①

非遗资源作为我国文化战略发展的重要组成部分，关系我国文化软实力建设，是文化产业、文化创意产业的重要生产资料来

---

① 冯骥才：《千万不要把"新农村"变为"洋农村"》，《民主》，2006 年第 8 期。

源，也应该成为我国当前推进文化供给侧改革的重要议题。实现非遗的现实价值需要不断激活非遗的文化生命力和创新活力，在维护非遗原真性的前提下，考虑生产性保护，以文化经济理念发展非遗文化产业，让一些非遗项目实现生产性保护，这无疑是一条科学有效的途径。当前，四川一些少数民族地区已建成民族文化生态保护园区、民族文化产业园区，并且取得了显著成绩。四川少数民族地区非遗的生产性保护，不仅需要大众传媒对国家关于非遗保护传承相关政策措施做及时宣导工作，还需要以传媒为窗口和平台，在全球化的语境下，为非遗的保护传承提供更多交流碰撞的机会，通过信息共享互利，推进非遗文化产业发展和民族地区全面发展。

大众传播对少数民族文化产业的责任和作用，不仅体现在传递政府的相关方针政策、规划与举措信息，传递少数民族文化产业发展态势的相关信息和跟踪监督民族地区文化产业实践，还体现在发展传播中直接为少数民族文化产业提供现代媒介技术支持，提供信息交流和信息加工平台，用信息资源支持和推动少数民族地区发展。近年来，不少媒体都非常注重利用媒介渠道和信息资源的优势积极介入民族地区经济文化的建设发展，及时、高效地提供重要信息，汇集资源、整合力量为地区发展献计献策，广泛调动社会各界关注并参与民族地区的发展建设。我国"一带一路"倡议的提出给藏羌彝文化产业带来了全新的发展机遇，中国与丝绸之路沿线国家的经济文化交流活动更加密切。近年来，我国与"一带一路"沿线国家在旅游开发、互派留学生、科技文化交流合作、人才流动等方面的合作日益频繁。王毅在 2021 年6 月 23 日的"一带一路"亚太区域国际合作高级别视频会议上表示，面对新冠肺炎疫情，"一带一路"合作不但没有按下"暂停键"，反而逆风前行，表现出强大韧性和活力。合作伙伴携手构筑国际抗疫"防火墙"，合力打造全球经济稳定器，齐心搭建世界联通新桥梁。迄今，同中方签署"一带一路"合作文件的伙伴国家已达到140个，中国与"一带一路"合作伙伴贸易额累计超过9.2万亿美元，中国企业在沿线国家直接投资累计超过1300亿美元。①

截至2019年，"一带一路"沿线国家对中国的投资也达到480亿美元。中国对"一带一路"沿线国家出口的比重达到了30.1%。中国在沿线国家推进建设了一批境外经贸合作区，累计投资300多亿美元，为当地创造就业岗位达到30多万个。自贸区建设步伐也在加快。中国已经与13个沿线国家签署了5个自贸协定，还推进《区域全面经济伙伴关系协定》（RCEP）谈判进入关键阶段，与欧亚经济联盟实质性结束经贸合作协议谈判。且中国已与37个国家建立双边投资合作工作组，与5个国家建立贸易畅通工作组，与19个国家建立电子商务工作机制，与14个国家签署了第三方市场的合作协议。②

然而"一带一路"的观念与举措同少数民族地区传统的思维方式、运作方式并不一样，要把藏羌彝文化产业走廊放进"一带一路"的开放格局当中去思考和建设，需要尽快适应形势发展的需要。要适应"一带一路"的发展，就需要与"一带一路"沿线国家和民族在语言文化、宗教习俗、价值理念以及生活方式、市场需求等方面实现交流和互动，这些都需要通过文化传播来实现

---

① 王毅：《中国与"一带一路"合作伙伴贸易额累计超过9.2万亿美元》，北京商报官微，2021年6月24日。
② 新华社：《中国企业对"一带一路"沿线国家投资累计超1000亿美元》，新华网，2019年9月29日。

的，以便了解藏羌彝文化产品适合哪些国家，当地消费者有哪些需求。为了帮助藏羌彝文化产业走廊有明确的拓展方向和市场空间，2015 年年初，四川省组织《四川日报》《华西都市报》等媒体沿"一带一路"沿线几十个国家去采访，刊发了关于沿线国家的信仰习俗、经济文化、生活水平、消费方式、审美观念、价值取向以及民间禁忌，政府的行政运作机制与企业的产业结构、运行方式等大量信息，为藏羌彝文化产业的开发起到了很好的导向作用。① 2016 年，甘孜康定举行的四川藏羌彝民族音乐发展交流研讨会就"四川藏羌彝民族音乐良性发展""四川音乐产业发展规划""康定情歌品牌的可持续打造"等相关议题进行了讨论交流，会上披露四川将建成第一个藏羌彝民族音乐基地，建成在全国音乐领域具有重要影响力和竞争力的音乐产业基地以及音乐文化旅游基地等。结合四川藏羌彝民族音乐的总体发展进行研讨和规划，无疑会丰富藏羌彝文化产业走廊的文化内涵。中央及地方各媒体及时介入这次会议的宣传报道，使社会各界对四川藏羌彝音乐文化产业的现状与发展给予了高度的关注。媒体阐释了藏羌彝民族音乐发展的关键问题在于走进去和走出来，并就产业开发资本和文化交流平台的对接以及怎样做好做强藏羌彝文化品牌，推动音乐产业与相关产业的发展等问题进行了探讨。媒体希望能通过汇集社会力量，合力打造具有广泛影响力的藏羌彝民族音乐特色品牌。对此多家文化企业和各种商会团体也表达了支持的态度。某文化传媒股份有限公司总经理表示他们发现藏族聚居地区有很多优秀的民间音乐人才和音乐作品，目前正规划打造一支全

---

① 李昊原：《藏羌彝文化产业融入"一带一路"发展的思路》，中国知网，2017年 6 月 20 日。

球最具特色的民族文化品牌乐队，通过面向社会选拔，运用先进的理念和模式来打造一支属于四川的民族特色乐队，这样的民族特色乐队除了参加四川自己的音乐节，还将参加世界各国的音乐节；同时建立一个藏羌彝民族音乐基地，对藏羌彝民族音乐人进行专业的培训，开发民族音乐相关产品，真正把四川的文化引进来并能走出去。[①] 此举意在通过搭建音乐节平台的方式传播民族文化，通过民族文化品牌乐队的组建实现民族文化的保护传承和推介四川区域的藏羌彝文化产业走廊。

"5·12"汶川特大地震严重破坏了藏羌彝非遗文化，在灾后重建的过程中，大众媒介对藏羌彝非遗文化的抢救、保护、振兴和传承以及开发利用发挥了重要作用。这方面典型的事例很多，以对古羌城的抢救与开发为例，四川茂县羌族总人口约 11 万，约占全县总人口的 90％以上，是全国最大的羌族聚居县。在汶川特大地震中，茂县境内的羌族碉楼、羌寨等损毁严重。为保护濒危的羌族文化遗产，在全国人民的支持和各大媒体的关注与呼吁下，当地政府在灾后第二年便决定开展中国古羌城建设工作。时至 2015 年，古羌城文化旅游已具较大规模，并取得良好的社会效益和经济效益。[②] 为了保护和活态传承羌族传统文化，同时使它成为文化产业带动地方经济发展，造福广大民众，当地政府将修复建立古羌城作为当地文化产业的重大项目。2013 年中国古羌城正式营业，通过多种方式全面展现羌族文化，集中展示羌族文化的羌王官寨，汇集了羌族建筑、起居用具、传统摆设、劳动

---

① 唐莉：《四川民族音乐者共推藏羌彝文化与生态旅游融合》，中国网，2016年 10 月 23 日。

② 《中国古羌城：文化旅游发展如火如荼》，人民网，2015 年 9 月 23 日。

工具等，让游客生动形象地了解羌人的历史和现实的生活状态。同时，古羌城中心的羌族文化广场在实景演出中举行羌族传统节庆仪式活动，其中包括吹号、挂红、咂酒等活动环节，游客都可以参与互动。此外，景区重点推介展演大型羌族原生态歌舞《羌魂》，反映了羌族国家级非遗项目"羌年"。古羌城执行总经理杨礼果介绍："我们的目标是打造一个国家级的羌族文化展示基地，秉承'静态保护＋活态传承＋产业开发＋可持续发展'的理念，希望通过多样化的呈现方式，让每一位游客立体地感受羌族文化、了解羌族，让每一名来到中国古羌城的游客记住一些羌族的文化元素。通过慢慢传承和推广，让羌族文化为世人所知。"①

从以上典型事例的分析与论述，我们可以看到发展传播理论在本土化的观照下，充分发挥了大众传媒的信息导向、舆论支持和文化传承的效能。中央媒体，四川省级媒体，甘孜、阿坝、凉山的地方报刊、广播电视和网站都为藏羌彝地区文化产业建设做了大量工作，体现了大众传媒在地方文化产业发展中的重要作用，也体现了发展传播本土化的问题指向和现实意义。

二、民族文化产业的内涵与现实意义

在国家和地区的发展问题上，文化的产业性质和特征是显而易见的。文化作为一种创造性活动，本应属于精神生产的范畴，但文化也具有物质性。文化的物质性是以文化产品的形式体现的，属于物的文化产品需要通过流通、交换与消费等方式来实现价值。然而因文化产品内涵的丰富性，我们不能简单以经济效益

① 《中国古羌城：文化旅游发展如火如荼》，人民网，2015 年 9 月 23 日。

作为它的价值衡量标准。文化产品是一种特殊的存在，代表着人类文明的发展水平，所以文化中那些具备商品要素特征的产品才能成就文化产业。"文化产业指的是通过工业化和商业化方式所进行的文化产品和文化服务的生产、再生产、供应和传播。按照联合国教科文组织的归纳，它至少包括以下行业：影视业、音像业、广告业、咨询业、网络业、文化旅游业、文化娱乐业等。"①我国文化部在 2003 年颁布的《关于支持和促进文化产业发展的若干意见》（文产发〔2003〕38 号）中将文化产业界定为：从事文化生产和提供文化服务的经营性行业，文化产业和文化事业是相对应的，都是社会主义文化建设的重要组成部分。2012 年由国家统计局颁布的《文化及相关产业统计分类（2012)》界定了我国文化及相关产业的范围：以文化为核心内容，为直接满足人们的精神需要而进行的创作、制造、传播、展示等文化产品的生产活动；为实现文化产品生产所必需的辅助生产活动；作为文化产品实物载体或制作工具的文化用品的生产活动；为实现文化产品生产所需专用设备的生产活动。② 在人类文明的发展与积淀中，不同时代的商品都凝结着某种文化内涵，具有特定时期的文化特色和文化附加值，因此，商品中那些文化成分以及经济成分的融合既带来了商业效益，也实现了社会文化的传承。文化经济互相促进、共谋发展，人们对商品的文化含量要求越来越高。文化对于市场经济有强大的影响力，但并不能由此认为所有文化都可以开发为产业，作为商品销售。文化中不可以用产业方式运作

---

① 刘玉珠、柳士法：《文化市场学》，上海：上海文艺出版社，2004 年版，第13 页。

② 中华人民共和国国家统计局：《文化及相关产业分类（2012)》，国家统计局设管司，2012 年 7 月 31 日。

的那一部分，可以称之为非经营性文化，主要包括义务教育、学术研究、文学艺术以及图书馆、博物馆、文化馆等公益性文化。① 文化资本产业运作是以文化的象征意义和精神价值为指标的，它的经济价值只是商品的附加值。改革开放以来，国家和民众突破了传统文化的价值理念，把文化从纯粹的公益性局限认识中解放出来，认可了文化产品的商品属性，从而提倡和支持发展文化产业，并以国家政策和立法的方式保护文化产业，这是社会的一大进步。当前，国家文化作为综合国力的一个重要方面，为文化产业提供了时代的现实生存环境，逐渐成为一些地区的支柱产业，在国民经济中占有重要的地位。近年来，许多西方发达国家把发展文化产业放在产业结构调整的优先位置，文化产业规模开始超过他们的农业、交通或建筑等传统行业的规模，文化产业在其国民经济中的比重也逐年上升，甚至成为这些国家出口创汇的重要来源。我们有理由相信，"文化产业，包括文化创造和文化产品、文化工具的生产与运作也必将占有社会劳动中日益增多的份额，最终将有可能占据产业的绝大部分"②。面对全球文化的激烈竞争，大力发展文化产业成为各国重要议题。《加快中国文化创意产业发展》里关于世界银行的有关报告指出，在过去50 多年里，20 世纪 60 年代的 101 个中等国家与地区中只有 13个在 2008 年跨过中等收入陷阱，一跃成为高收入经济体，其中亚洲有 5 个，它们分别是日本、韩国、中国香港、中国台湾以及新加坡。这些国家或地区都是在文化产业品牌、规模以及影响力

---

① 王能宪：《简论文化产业与文化的关系》，《人民日报》，2000 年 5 月 13 日，第 6 版。

② 金吾伦：《信息高速公路与文化发展》，《中国社会科学》，1997 年第 1 期。

方面取得卓越成效的亚洲经济体。总之，文化产业或文化创意产业对一国经济社会发展的重要性是显而易见的。上海博物馆前馆长陈燮君在《新时代的文化自信从哪里来？》里指出，我们对待文化的态度不应该只是自娱自乐或仅仅进行理论的解读，要把握历史的、现实的、未来的维度，是一个动态发展的过程。他阐释了文化自信、文化繁荣昌盛，认为文化自信，既是历史的一种积淀，更是对实践经验的鲜活总结。要实现中国梦，真正从全面小康走到社会主义现代化强国，文化是灵魂，文化之道是中国梦的起点。来自顶层又能落地，要让文化产业进入文化市场从而反哺原创，他说或许中国的一则创世神话、一句成语就能成就一部美国影视大片，既要有历史积淀同时又要有实践经验的支撑，才能讲好中国故事，让中国文化走出去。他总结了要实现文化自信和促进文化繁荣发展应该做到以下五个方面：1）牢牢掌握意识形态工作领导权，2）培育和践行社会主义核心价值观，3）加强思想道德建设，4）繁荣发展社会主义文艺，5）推动文化事业和文化产业发展。[①] 在文化产业的实际发展中，学界对其文化意义与经济利益的认识褒贬不一。马克思最早对文化工业做出批判性的思考，他在《1844年经济学哲学手稿》里，就把政治、艺术和文学理解为工业本身的一个特殊部门，因为从前人类活动都是劳动，都是工业，都是本身已经异化的活动。[②] 法兰克福学派的"文化工业"的概念伴随着大众文化的争议不断得到修正。他们认为文化工业概念具有批判性，含义包括：其一，文化工业以艺

---

① 陈燮君：《新时代的文化自信从哪里来？》，《社科专家带你读懂十九大（第7集）》，上海市社联，2017年12月29日。

② 程代熙：《马克思〈手稿〉中的美学思想讨论集》，西安：陕西人民出版社，1983年版，第27页。

术为名义，兜售的其实是可以获取利润的文化商品，使大众的闲暇时间变为另一种被剥削的劳动；其二，文化工业具有浓厚而隐蔽的资产阶级意识形态，在人们忘乎所以地享受文化快感时，隐蔽地操纵了人们的身心乃至潜意识活动，它是一种使控制变得更密不透风，使社会秩序变得更坚固的"社会水泥"。而联合国教科文组织把具有文化工业特征的文化产业定义为按照工业标准生产、再生产、储存以及分配文化产品和服务的一系列活动。① 当前，发展非物质文化遗产产业，理应尊重文化的生产规律，明确文化与文化产业的丰富内涵和文化产品与普通商品的异同之处。应该将文化产业的发展纳入经济、社会、自然等全面发展的维度中考量。促进物质生产和精神生产的协调有序进行，坚持文化经济理念、可持续发展理念，坚持社会效益优先原则。发展文化产业要充分体现文化特色，增强文化资源的创造力、生命力，最大限度地挖掘利用文化资源优势。以正确的市场经济法则为导向，不断提高文化产品的质量，促进先进文明文化的扩散传播。以需求促供给，以供给补需求。在满足人民群众精神文化需要的同时，进一步激发群众的消费欲望，实现文化生产与消费的良性循环。坚持以保护传承为前提条件的开发利用，警惕冯骥才先生曾谈到的这种情况：一些地方用遗产赚大钱，使其成为单一地作为生财的工具，文化遗产一旦进入开发，即要遵循经济利润最大化的规律，从而被扭曲、改造，甚至被"动手术"，使其面目全非或形存实亡，这是非遗当前面临的最大的破坏。②

---

① 刘玉珠、柳士法：《文化市场学》，上海：上海文艺出版社，2004 年版，第13 页。

② 转引自谢中元：《广西社会科学》，《国内新农村建设与非物质文化遗产保护关联研究述评》，2014 年，第 3 期。

大众传媒在文化产业的发展中发挥着关键作用，大众传媒作为文化产业的一种，不仅具有生产文化内容创收的功能，还起着传递市场信息和引导舆论以及营造文化产业发展的社会文化环境的作用。大众传媒通过对文化资源的发掘和推介，还可以提升文化资源的知名度，从而提升文化资源的产业价值，从某种意义上说，大众传媒建构了文化品牌。正如一部反映某地区风俗的影视作品可能带动该地区整个文化产业链的发展，并通过推动当地旅游业发展而带动其他相关产业发展。例如云南利用数字电影技术拍摄了我国首部非物质文化遗产电影《梅葛》，既传承传播了当地非物质文化，同时也提高了当地的知名度。随着我国"一带一路"倡议构想的提出，藏羌彝文化产业走廊面临新的发展形势，这需要我们用新视野和新思维来看待和解决文化产业面临的种种问题。党的十八大以来，我国文化产业发展进入全面发展的新阶段。张晓明在《文化产业的新形势新思路新战略》中总结了当前我国文化产业处于"新阶段"的主要表现：

首先，文化产业出现了重大的结构变化，数字文化产业部门呈现爆发式增长，并升格为国家战略性新兴产业。数字技术和互联网相关的文化部门出现爆发式增长。其次，文化体制改革全面深化，文化发展的基础和动力机制发生转变。党的十八届三中全会报告提出了"建立健全现代文化市场体系"这一总方针，以"文化市场"取代"文化产业"成为党和国家最高政策文件中有关文化政策部分的第一主题词，标志着我国文化发展的基础和动力机制的转换——从以产业政策推动为主，市场内生动力为辅的阶段，走向以开放市场、调动市场内生动力为主，以产业政策干预推动为辅的新阶段。在市场环境大为改观的情况下，中国出现了"大众创业、万众创新"的局面，文化产业在创新领域走在了世界的前列。再次，文化政策体系创新发展，"文化—科技—金融"三元动力结构基本成型。形成全面对接国家"互联网＋"战略，全面创新网络文学、网络音乐、网络电影等新型业态，对国家文化产业发展形成"双轮驱动"之势；我们需要重新认识文化生态、文化生产与文化传承方式。①

我国文化产业发展的新势态也推动着藏羌彝文化产业走廊的建设。为进一步提升文化产业领域创业创意水平，藏羌彝文化产业走廊还被列入我国 2017 年文化产业"双创"重点。置身全新的文化生态环境，发展文化产业，我们需要处理好文化的承继与创新的关系，习近平总书记就如何对待中国传统文化的问题也谈道：处理好继承和创新的关系才能推进创意发展和实现创造性转化。当前"大众创业、万众创新"的时代呼声也以传统文化的创造性转化和创新性发展为主题。新阶段文化传承与传播拥有了数字资源技术平台，新一代的数字化、智能化基础设施，为人们提供了丰富多样的民族文化资源的智能化服务，互联网技术的发达也为文化的广泛传播创造了便捷高效的条件。现代技术更是促进了大众传媒的发展，大众传媒产业的发展又能强有力地推动其他相关产业的发展。在注意力经济为主导的时代，民族文化产业能在大众传媒的带动下生机勃勃，将资源转化为资本，带来经济效益的同时产生广泛的社会效益。让中国文化走出去，不仅需要发掘利用我国丰富的文化资源，还要进一步拓展国内外文化消费市场。在这一过程中，大众传媒起着至关重要的作用，不仅宣传推介了我国文化产品，产生了经济收益，还传播了我国优秀的民族

---

① 张晓明：《文化产业的新形势新思路新战略》，人民论坛网，2017 年 11 月 16 日。

文化和价值观念。

三、民族文化产业与供给侧改革

推进供给侧改革是当前文化产业转型升级的必经之路。改革开放以来，特别是从 1978 年到 1991 年，我国文化产品数量质量都在不断提高，却无法满足人民群众日益增长的精神文化产品需求。尤其是 20 世纪七八十年代，随着西方传播学的引入，大众传播媒介的社会化功能，包括政治、经济、文化等功能逐渐被社会重视，人们愈来愈意识到文化、信息对于社会发展变革的重要性。文化资源具有可创新发展、可重复利用等特性，文化产业是很有前景的行业。1992 年中共中央发布《关于加快发展第三产业的决定》《重大战略决策——加快发展第三产业》，明确启用"文化产业"概念。随着市场经济、商品经济的深入发展，人民对物质文化产品、精神文化产品的需求日益高涨，我国文化产品市场也逐渐丰富起来，文化产业逐步发展。

21 世纪以来，我国文化产业在政府的主导与扶持下呈现出一派生机盎然的发展势头，已逐渐成为国民经济的支柱性产业。但在资源使用效益、文化创新活力与文化企业竞争力等方面还存在明显的不足，导致文化产品有效供给匮乏和无效供给过剩以及文化需求不能得到有效满足等问题。这些问题抑制了我国文化产业综合效益的体现和发挥，阻碍了文化产业健康发展的步伐。尤其是随着全球化的推进，世界文化信息产品大量涌入我国市场，我国文化产品迎来了机遇和挑战。秉着兼容并包、兼收并蓄的思想，借鉴世界上文化产业发展较好的国家经验，打造我国本土文化品牌，提高文化产品质量，是我们努力的方向和目标。创新和发展成为文化产业的关键词。我国拥有丰厚的文化资源，这为文化产业的发展奠定了强有力的基础。积极开发利用我国文化资源的价值，繁荣振兴文化产业，增强国民文化自信，在国际文化市场上占据自己的位置，是我国文化事业和相关行业的责任义务。世界各国在文化产业的竞争，主要是文化资源和创新能力的竞争，文化产业、文化创意产业都和文化资源的发掘使用以及创新思维息息相关。

在 2017 年 1 月举办的关于 2017 年我国文产"双创"藏羌彝文化产业走廊建设的座谈会上，中央文化管理干部学院有关负责人介绍：2017 年文化产业创业创意人才扶持计划将进一步贯彻落实"大众创业、万众创新"的战略部署，开展文化文物单位文化创意产品开发、藏羌彝文化产业走廊建设等文化产业重点工作，对接各种文化产业活动与平台，进一步拓宽作品征集途径和渠道，提升入选作品的质量、人才品质，鼓动社会力量参与，加强成果的宣传推介等。①

时下，我国文化产品市场可谓方兴未艾，在供大于求的市场情形下，消费者更注重文化产品的质量和品位，推动文化产业升级和更新换代需要进行供给侧改革。2016 年年初召开的中央经济工作会议提出，当前推进供给侧结构性改革，是适应经济新常态的重要选择，是经济以及其他领域发展思路的重要创新。文化产业供给侧改革是发展文化产业、文化创意产业的必然要求。市场文化产品对人民生活需求的满足情况，是判断文化产业改革发展水平的一条重要标准，而文化供给的水平是文化产品能否满足

---

① 《藏羌彝文化产业走廊建设是 2017 年文产"双创"重点》，文化部网站，2017 年 1 月 20 日。

消费需求的基础保障。推进文化供给侧改革，需要以创新发展的思维，提高文化供给的质量，并不断创造新的消费热点和需求。张振鹏谈道，目前我国文化供给存在的主要问题包括以下三方面：一是基本文化消费供给过剩但质量不高，既无益于社会价值体系的建构，也有碍文化消费市场的有序运行；二是启迪心智、陶冶心性、满足消费者较高层次精神追求和情感体验的发展型文化消费品，供给数量和质量都明显不足；三是享受型文化消费品质量参差不齐但价格高企，抑制了消费意愿和市场的健康发展，供给质量标准与价格体系有待完善。①

四川藏羌彝文化产业走廊许多非遗项目都极具文化资源开发利用价值，在文化产业供给侧改革的背景下，应该将文化创新发展的理念融入非遗保护传承工作中去，将藏羌彝非遗价值与先进的现代传媒技术对接推向大众。"圣洁甘孜·雪域手造"就集中体现了"非遗文化产业链未来＋"的新概念。"圣洁甘孜·雪域手造"是以甘孜州23项国家级非遗项目为基础而推出的面向未来的非遗文化产业链平台。该平台结合"互联网＋创客"等模式，搭建了非遗项目研究、非遗文化传播、非遗产品体验展销、非遗项目投资、非遗文旅集散中心和非遗传承人培养基地等各平台，还集聚品牌营销、渠道连锁、电商营运、论坛交流、展览展示等多种形式为一体，试图完善"非遗＋创意＋创客＋创新＋创业"的产业链系统，着力打造非遗艺术创意文化城市。②

近年来，四川藏羌彝民族地区政府积极采取相应措施推进当

---

① 张振鹏：《供给侧改革：助推我国文化产业转型升级》，《光明日报》，2016年1月7日，第16版。
② 秦松：《甘孜州首推"非遗文化产业链未来＋"》，《甘孜日报》，2015年5月21日。

地非遗文化产业的发展。甘孜藏族自治州为进一步发展唐卡产业，采取了如下举措：一是加强唐卡生产加工基地的建设，优化资源配置，以建设示范性唐卡生产基地带动生产，采用"公司＋协会＋农户"的发展模式，例如培育帮扶了郎卡杰唐卡文化有限公司、多普沟文化有限公司等市场主体拉动唐卡市场。二是重视唐卡技师培育，组建培训班常年开展绘画人才培训，培训内容覆盖：唐卡文化理论基础、颜料研磨和使用技艺、绘画技能技法等。三是重视唐卡艺术成品的保护和制作，施行"康巴精品唐卡复制"工程，搜集整理本州著名的唐卡艺术作品。四是加大宣传力度，已建成炉霍郎卡杰唐卡展馆，组织唐卡画师和企业到国内外参加"文创会""文博会"等文化旅游宣传活动。五是促进市场营销。甘孜州围绕唐卡开发艺术纪念本、纪念画册、小挂件、藏香等系列旅游纪念产品，通过唐卡宣传进一步拓宽了市场销路。阿坝藏族羌族自治州坚持发展文化生态型产业，以文化生态园区为依托，发展特色文化产业。不断完善区域布局，打造藏羌文化走廊，建设了以茂县为核心的羌族文化产业带、以马尔康为核心的嘉绒藏族文化产业带，等等。

凉山彝族传统服饰久负盛名，随着凉山彝族国际火把节的举办，彝族服饰展、时装秀等大赛的推介，近年来凉山彝族服饰市场也是欣欣向荣。凉山地区彝族服饰开发大多采用企业模式，如凉山州昭觉县的"月光公司"，另外还有一些家庭手工作坊，主要分布于昭觉、美姑、布拖、喜德等富有文化特色的彝族传统服饰生产地域。彝族服饰文化资源丰厚，极具开发利用价值。突出民族文化，扩大生产规模，创建属于本民族的品牌，是当前彝族服饰产业未来的发展之路。目前凉山彝族服饰也在积极探索继承和创新发展之路，积极引入各界资源对彝族传统服饰进行创新设计，推进彝族服饰产业化、品牌化、国际化。凉山州政府主办的围绕"传承为先，创新为魂"设计理念的"彝裳秘境"等大赛也为彝族服饰产业做了很好的宣传工作。这种依托"大型活动舞台秀＋媒介宣传"的推介模式产生了很大影响，扩大了彝族服饰的知名度。设计师通过作品设计，表达其文化审美理念，能吸引广大消费者，促进人们对彝族文化的了解和认知，在带动彝族服饰产业蓬勃发展及推广本民族的传统文化的同时，还能解决本地一些人员的就业问题，既能体现经济效益，也能体现社会效益。

2019 年挂牌成立的唯品会驻四川凉山传统工艺工作站就采用"政府＋唯品会＋非遗扶贫工坊＋贫困群众"模式，为贫困群众提供非遗技艺指导和产品订单，保护传承非遗的同时促进贫困群众增收。至今，凉山州已经成立了 10 余家非遗扶贫工坊。文化和旅游部非物质文化遗产司副司长胡雁在第七届成都国际非遗节上表示，国家和地方政府有关部门下一步将推动形成一批依托传统工艺类非遗项目开展生产经营的实体企业，壮大贫困地区自身发展能力，进一步加大"非遗＋旅游""非遗＋网络"的融合力度，扩大非遗产品的市场渠道；搭建形成可持续的开放合作平台，引入研发、销售、投资各方面资源。①

政府通过搭建平台等方式促进文化产业的发展是一条促进文化传播与发展的优秀路径，例如举办文化论坛、举办会展、策划文化活动等，同时还需要大众传媒积极配合宣传报道。在成都举办的各届国际非遗节上，国内外广大参观者能参观体验我国各民族多姿多彩的非遗项目，感受到中华传统文化悠久的历史和厚重

---

① 何源：《第七届中国成都国际非物质文化遗产节 10 月 17 日开幕》，央广网，2019 年 9 月 10 日。

的底蕴。诸如艺术节、文化活动这些由政府和社会搭建的文化传播平台，让许多生长在大山深处、不为人知的非遗得到越来越多的关注；将非遗传承人推到台前，促进其改变以往封闭守旧的文化观念，同时通过重视非遗增强非遗传承人的文化自信，让非遗走向市场，发挥更大的价值。非遗传人可以以其掌握的非遗技艺注册申请专利，在政府的支持鼓励下招收学徒，改变传统闭门定做的方式，让非遗从土生土长的小山村走向大都市，受到更多人的青睐，也拓宽了非遗市场。非遗节等平台通过展示非遗价值也为招商引资搭建了桥梁。

在藏羌彝文化产业的建设和发展过程中，无论是当地政府策划支持的文化项目，还是民间企业及个体的文化项目，作为文化供给的产品都还有一些值得改进的地方。据《阿坝日报》报道，近年来，藏羌彝民族音乐愈加发展壮大，逐渐成为音乐界关注焦点，让民族音乐之路貌似越走越宽阔，然而"雷同""落俗""良莠不齐"等问题也愈发凸显。业界普遍认为，藏羌彝民族音乐目前正处于低迷时期，怎样破冰前行，成为业界专家、歌手、企业家等必须面对的问题。①又如藏羌民族聚居地区一些新建村寨房屋及碉楼建筑风格整齐划一或大同小异，民族特点不突出，娱乐项目往往就是篝火加烤全羊，由几个当地群众象征性地陪着游客唱唱跳跳，缺少民族文化内涵的传播。一些旅游景点进行的民族仪式表演所呈现的民族文化部分已被削减或扭曲，遗失了原有的民族文化风貌和特色。一些景点导游的解说也往往流于程序化、形式化，简单随意，甚至杜撰一些故事。总之，现有的所谓民族

---

① 《藏羌彝民族音乐，如何走出低迷?》，《阿坝日报》全媒体，2017年7月21日。

风情旅游大多仅仅停留在欣赏人造风光、看民族舞蹈表演、吃农家饭的阶段，缺乏产业发展的长远眼光和民族文化传播的意识。许多景点回头客少，没有形成广泛而持久的文化传播和产业效益。

真正能够满足文化消费需求的不是产品，而是产品质量；能够激发消费者持续文化消费需求的不是供给数量，而是供给质量。提高文化供给质量的关键在于制度设计，遵循市场规律和文化需求特征，鼓励增产适销对路的文化产品，严格控制产品同质化倾向，积极满足多样化文化需求，提高产品科技含量、文化价值、艺术品位，更新产品开发理念、创意和内容。通过供给侧的结构性改革，增强文化供给的有效性，创造和满足文化消费需求。①

少数民族非遗作为重要的文化资源，也是重要的媒介文化资源。当前，大众传媒应凭借新媒介拓展的广泛平台，进一步开发利用民族文化元素，促进媒介供给侧改革，促进传媒产业发展，加大创新力度，推动传媒文化的本土化传播，才能进一步拓展文化产业国内外市场。以近年来一些富有民族文化特色的传媒产品为例，将人们相对陌生的民族文化符号巧妙融入，实现传统与现代的对接，在尊重民族传统的同时，创新传播内容与形式，提高传播质量与品位，既能符合新生代受众的接受心理，又能培养提高他们的媒介素养。应该加强文化资源挖掘和创新性的开发利用，包括对非遗史诗文学艺术价值的利用，开发传媒产品，制作音乐舞蹈、民俗欣赏等系列综艺节目以及非遗纪实类节目等。如在 2017 年 6 月上映的由张扬编导的反映民族文化、民族命运的

---

① 张振鹏：《供给侧改革：助推我国文化产业转型升级》，《光明日报》，2016年1月7日，第16版。

剧情片《冈仁波齐》引导受众感知视觉符号背后的民族精神。《冈仁波齐》以纪录片形式讲述了11名藏族人朝圣的故事，收获良好口碑，票房达到9950万。在藏族聚居区影院里，很多人跟着影片一起念经，对他们来说这部电影其实就是朝圣的真实体现。这种没有剧本的电影，即兴创作的方式，用镜头说话的"真实性"的陈述，将这一民族群体的生活、生存细节"真实"地呈现在银幕上，激起了受众的好奇心，启发他们思考，在真实性与艺术感中找到了很好的平衡，这应该是该影片赢得高票房的原因。这种传播方式或可以借鉴于少数民族非遗文化传播，既传承文化，又获得诱人的商业价值。无论是国际还是国内，对非物质文化遗产的保护和传承都是从21世纪才开始着力推进的，目前主要是通过宣传非遗政策措施并配合采取一些行动。近年来，我国传统媒体以及一些新媒体通过大众传播的方式介入宣传和反映非物质文化遗产的相关工作，但由于这项工作涉及多学科多部门，特别是一些少数民族非物质文化遗产，由于地理交通不便、语言障碍、传承人稀少等问题，面临后继无人的困境；无形文化遗产本身的不稳定性、流变性等特征，也给保护传承具体工作带来了困难。除了比较著名的进入省级或国家级的那些非遗品种，其他的还处于"元传播"阶段，有待探索和开发。在推进媒介文化产业供给侧改革中应该放眼国内外市场，传播中国文化。中国文化是富有特色的文化资源，我们要讲好中国故事，弘扬中国文化，增强民族自信和文化自觉意识，展现全面立体的国家形象，提高国家文化软实力，提高跨文化传播能力，实现高水平的国际交流传播。在国际传播中，中华文化是我们民族品牌的优秀资源和创意来源，在保护传承我国民族文化的过程中，挖掘文化资源、发展文化产业、建构文化品牌，都应该与跨文化传播、树立国家形象等国家发展战略联系起来共同推进。

第二节　四川藏羌彝地区非遗文化意识与产业规划

各国文化产品输出比重增大与文化传播频率增强，是当今全球化传播的一大特征。一个国家的发展不仅包括政治经济这些硬实力的发展，还包括作为国家软实力的文化的发展，在信息化时代，文化显得愈加重要。在全球化的语境中，各国民族文化交流碰撞的机会愈来愈多，特别是一些发达国家的文化信息、文化产品正势头凶猛地涌入我国市场。应对这样强势的文化信息冲击，我们的民族传统文化有发展的契机，但也面临着一些隐患和危机。维护民族文化的多样性，保持文化的可持续发展，树立文化自信自觉意识，增强创新的源动力与活力，抵御文化殖民主义的侵扰，是保护传承文化，开发利用文化资源，增强国家文化软实力的主旨。在国际竞争日益激烈的今天，不断增强我国在国际上的政治经济地位，维护信息主权，赢得话语权，保护发展与弘扬我国优秀的民族传统文化，进一步发掘利用丰富的民族文化资源，促进文化资源向文化产业转化，打造自己的民族文化品牌等，都应成为发展传播的重要议题。

一、构建民族文化品牌的重要性

文化产业以生产精神产品为主业，打造文化品牌对于发展文化产业来说至关重要。文化品牌是指相关文化艺术、休闲娱乐、文化旅游、新闻传播以及图书出版等行业的品牌。作为一种标识符号的指称，品牌代表着产品的品质，影响产品的竞争力和知名度。品牌符号能指背后的意义所指关乎品牌的文化精神内涵，所以打造品牌需要凸显文化价值，一个颇具文化特色的品牌对文化创意产业亦可增加一抹亮色。少数民族非物质文化遗产是重要的人类文化资源，也是最能反映各少数民族文化在历史长河中历经大浪淘沙后沉淀下来的珍贵民族标识。作为动态的、无形的文化遗产，存在于一定的社会环境中，存在于口头传说、艺术表演、社会风俗和民俗节庆、手工艺中，各个时期都不断被注入新鲜的养分，不断被创造发展。不论是历史文化价值还是体现时代特征的活态价值，都富有民族文化的丰富内涵，是打造民族文化品牌的珍贵资源。国家品牌、文化品牌、民族品牌应该成为当下民族文化产业传播的关键词，现代传媒在助推少数民族文化品牌建构中应做好传播引导。

在符号化的商品社会里，"品牌"这一关乎企业形象、产品品质的重要符号决定着各大商家的市场竞争力，品牌符号建构也因此位居企业战略发展规划的各项议题之首。自我国大力发展文化产业方针政策制定实施以来，从中央到地方各地区各部门，都将重视文化资源价值、合理开发利用文化资源的理论实践提上了日程。将一定的文化资源转化成生产资源，投放到市场中，就应该考虑文化成品的市场供需关系，以及消费者对这些文化产品的认可度。而拥有品牌标识的产品，可以较大范围扩大自己的影响力，短时间地决定消费者对产品价值的判断。在媒介发达的现代社会，依托各媒介的传播，产品的品牌建构与推广无疑更加容易，品牌的建构本身就是一种文化行为，大众媒介在这种文化行为中起着举足轻重的作用。文化资源要得到深度挖掘与利用，形成自身品牌扩大自身影响力，无疑需要凭借日新月异、迅猛发展的现代媒介这股春风扬名四海。在全球文化自由纷呈又竞争激烈的今天，民族文化自信作为关键词被频频提及。所谓文化自信，是指我们对自身文化所持的积极态度，否定妄自菲薄的同时也否定闭目塞听、盲目自大、唯我独尊。历史经验告诉我们，文化自信的前提应该建立在各民族能虚怀若谷，放眼世界，求新声于异邦，不断优化自我的基础之上，文化自信应该懂得推出自己的文化为自己赢取话语权。本着将本土文化推向国际文化的民族文化自尊、自觉、自信意识，党的十七大报告指出要激发全民族的创造力，不断提高国家文化软实力，从而明确了文化软实力在国家发展战略中的重要地位。从比较文化到跨文化再到文化间性的层面，从比较异同到沟通交流再到互动整合，文化策略的主动性也在逐渐显现。中国文化形象的打造需要以政治推动文化输出与全球化经济的交融，促进文化产业和文化创意产业的发展，需要意识到文化在推动政治经济发展中的重要作用，包括在国际上加大汉语和中国文化的教学推广，逐步改变以往世界文化格局，维护多元文化共存的"和而不同"之态，求多元共生，在世界文化格局中既能融入又能保持本民族特色。林毓生先生提过"创造性转化"，李泽厚先生提过"转化性创造"。① 不论是重转化还是重创造，都体现了文化的自觉意识，是对文化主体身份的再确认，而这种主体性身份意识确定是建立在强大创新意识和创造能力之上的。在世界经济一体化跨文化交流频繁的今天，不断挖掘文化资源潜力，开发建构更多的具有民族特色的文化品牌，是发展文化

---

① 刘悦笛：《中国特色文化品牌的形成》，人民网－理论频道，2016 年 10 月 27日。

产业和文化创意产业的本质要求，也是增强国家文化竞争力保障文化安全之需。王健林曾讲道，中国最缺的是文化品牌，不仅是商品品牌，而文化品牌的打造也需要更长的时间。①

文化品牌的影响力会更持久、更广阔，这种影响往往是潜移默化又根深蒂固的，成为一个城市或一个地区精神气质的代名词。众所周知，世界上一些著名的城市无不是以一些特殊的文化符号联系起来，例如，米兰时装周、戛纳电影节、纽约艺术节等闻名于世。这些品牌符号不仅提升了地区的文化品位，也带动了当地相关产业的发展，这便是文化品牌带来的效益。发掘文化的独特性，避免同质化现象，应该放眼世界，多交流借鉴其他国家或地区在发展文化产业、文化创意产业方面的优秀经验。在全球化的背景下，传媒作为世界之窗，在文化的坚守中应该有立场、有思想、有态度，对文化保持敏感的心态，从宏大的民族文化叙事走向注重个体民族文化叙事；要善于寻找中国文化的创造力，推动建构和打造具有民族标识特色的文化品牌和文化产业样态，不断输出为世界所认知认同的中国民族文化品牌。文化创意产业是发展城市经济，打造城市名片的重要途径。我国丰富多彩的多元文化，为文化创意产业的发展，为民族文化品牌的建构提供了大量富有特色的文化元素。2004 年联合国教科文组织倡导建立"创意城市－设计之都"网络，为全球民间艺术、手工艺设计、影视文学、音乐舞蹈艺术、饮食文化等方面有特色的城市或地区提供了国际交流碰撞的舞台。近年来，我国愈来愈多的城市也加入了该网络，如北京、上海、深圳等。这些城市展示了地方特色文化，加强了地区间国家间交流，提升了世界范围的知名度，并

---

① 《王健林：中国最缺的是文化品牌》，《中国经济周刊》，2015 年 7 月 22 日。

成为推动文化产品多样性的重要平台。世界上许多国家的城市也纷纷加入"创意城市－设计之都"网络，创意产业在全球的地位和影响力由此可见一斑。这也给我们建设藏羌彝文化产业走廊，打造四川藏羌彝非遗产业品牌提供了很多值得参考借鉴的范例和推动发展的途径与平台。

二、藏羌彝文化产业的规划与成效

活态化传承非遗的理念包括正确开发利用非遗的文化资源，善于将非遗文化资源转化为文化产业，将一些非遗开发成产品投入市场，发挥其应有的经济效益。这也正是发展传播的意旨所在，是利用发展传播解决现实问题的重要命题。目前，四川藏羌彝地区都在积极建立非遗生态产业园，旨在科学有效地保护传承非遗，并让其在现实社会发挥积极的效益。四川作为国家藏羌彝文化产业走廊中藏羌彝民族相对集中的区域，在藏羌彝文化产业走廊项目启动后，根据三个民族自治州的文化资源特点、地方文化市场与产业发展现状，将特色旅游文化、民族工艺美术和传统演艺娱乐等新兴文化产业作为重点发展对象，把各民族地区的文化元素整合起来，进行统筹开发。配套优化投融资环境，利用一些大型会展平台，如西部文博会、西博会、深圳文博会等广泛吸引社会资本参与藏羌彝区域的文化产业项目建设。利用平台举办藏羌彝特色产品展览，还配合民族歌舞演出、民俗节庆活动、学术论坛、文化讲座等，扩大传播面，提升知名度，努力打造四川藏羌彝文化产业走廊著名文化品牌。甘孜、阿坝、凉山三大民族自治州的国家级、地方级非遗文化项目资源在政府的支持帮助下，积极融入文化产业发展中，打造出了一批颇具影响力的民族文化特色项目，如格萨尔说唱艺术、康定情歌、唐卡绘画艺术、藏戏表演、羌年仪式、羌绣、彝族服饰产业等四川藏羌彝文化产业走廊的明珠。

投资环境是文化产业发展的前提条件，良好的投资环境可以广泛吸引外来投资。完善投资环境，需要创造招商引资的政策条件，提高经济水平，完善基础设施建设，打造文化特色品牌，培育文化服务和文化消费市场。根据四川省文化厅 2012 年颁布的《四川省重点文化产业发展实施方案》中的数据，四川对藏羌彝文化产业走廊的建设做出了大力支持，除了制定相关的扶持政策，还向走廊区域总投资 30 亿元至 50 亿元，培育 3 至 4 个藏羌彝文化产业示范基地，培育 10 至 20 个藏羌彝重点文化企业。[1]在规划的 36 个藏羌彝文化产业走廊重点项目中，阿坝藏羌民族聚居地区拥有四川禹王谷大禹文化产业园和茂县羌族民俗文化演艺街区两项。其中四川禹王谷大禹文化产业园内的藏羌农耕博物馆还在建设之中，目标是打造成藏羌农耕文化亲子体验、课外实践基地。茂县羌族民俗文化演艺街区也正在建设。一些交通等配套设施条件弱的地区也通过产业区的影响、带动和帮扶得以发展，如壤塘县利用特有的自然景点和人文景观，打造本地的特色文化旅游项目。壤塘独特的觉囊文化包括梵音古乐、南木达藏戏、觉囊唐卡等藏族文化艺术资源，现已被当地开发为观赏性的旅游项目。当地藏族开发者希望本地民众在坚守文化传统的同时，创建觉囊文化原生态基地，吸引热爱觉囊文化的游客深入了解传播当地文化。这些文化产业项目的推出，将使一些有文化价

---

[1]　四川省文化厅：《四川省重点文化产业发展实施方案》，四川文化信息网，2012 年 3 月 28 日。

值又暂不为人知的民族非遗得到很好的宣传推广，不仅带动文化产业的发展，也让民族文化得以传承传播。近年来，四川以藏羌彝文化项目为引擎，通过产业集群促进发展取得了很好的成效。

2011年甘孜藏族自治州的"政策性金融推动藏区旅游文化国际化试验区"试点一推行就引来了"康定溜溜城"项目。这种政策性金融推动模式不同于过去文化旅游区开发模式，该模式由银行负责推介从事旅游开发的优质企业，政府推介旅游项目，是以非遗项目为引擎的文化产业集群式开发模式。随着"康定溜溜城"项目的落地，康定"香巴拉文化园"项目旅游资源开发、巴康措普沟旅游资源开发等项目也紧接着跟进。以甘孜非遗项目为重点，建设系列文化产业园区，培育文化产业实体，包括康巴唐卡绘制与展销公司、康巴文化演艺集团、甘孜州格萨尔文化开发有限公司、中国德格雕版印刷博览馆、白玉河坡藏族手工艺开发公司、德格南派藏医药研发集团等。阿坝藏族羌族自治州在2008年地震后实施了"羌绣计划"，绣庄重建项目获得了政府的扶持资金，采取"公司＋基地＋农户"的方式大力发展羌绣产业，将羌绣由民族传统服装延伸到工艺品生产上，把羌绣推向市场。① 2014年四川先后启动了藏羌彝文化产业走廊系列项目，首批启动项目达12个，彰显了四川民族文化的产业资源与民族文化实力。第十届深圳文博会展示了四川藏羌彝文化产业走廊多个重点项目，其中包括彝族火把节、茂县"中国古羌城"、羌绣文化产业园、康定溜溜城、歌舞《藏迷》、实景剧《亚丁魂》等藏羌彝文化项目，成为交流会上的特色和亮点。2014年中国香港

① 吴璟：《四川着力打造藏羌彝文化产业走廊》，中国作家网，2012年4月13日。

也举办了四川省藏羌彝文化产业走廊文化精品交流会，展出了四川省包括唐卡、羌绣、彝绣等十余种文化产品，均来自格萨尔文化博览园、康定情歌文化公园、大凉山古彝民族风情走廊等。这样的交流合作与贸易平台，为藏羌彝文化产业走廊的项目合作与投融资拓展了新的渠道。在 2015 年以前，四川藏羌彝文化产业走廊已规划重大文化产业项目 42 个，项目投资总额达 88.2491 亿元，涉及文化旅游、演艺娱乐、民族工艺品等多个文化产业门类，基本形成以点连线、以线带面的产业布局；从以上文化项目情况来看，我们可以看到四川藏羌彝文化产业里少数民族非遗的贡献率是非常可观的。① 市场主体反映了文化产业的发展情况，也是文化产业发展的引擎。在市场经济条件下，文化企业作为最重要的市场主体，决定了文化产业发展走势。地方政府在发展非遗文化产业上，积极搭建投资和宣传平台，积极培育市场主体，近年来，已在非遗保护传承和非遗产业创收上取得了一定成效。

从阿坝州政府近年公开的政务信息可以看到，阿坝州文化产业的发展进程明显提速，对全州经济文化发展的影响力逐渐扩大。其中少数民族非遗已经成为该州的支柱性文化产业。该州非物质文化遗产重点生产性项目包括一些文化品牌产业，如唐卡、羌绣、藏香等传统工艺品，颇受市场欢迎，推进了文化旅游的综合发展。古羌城羌寨、甘堡藏寨、卓克基土司官寨、西索民居等一批具有藏羌文化特色的著名旅游景区已成为藏羌文化产业走廊上的重点项目。传统节庆、民族节日、文艺展演、非遗展示等文化活动丰富多彩，其中原生态歌舞乐《藏迷》获得中央文化产业发展专项资金的金融贴息。形成了以九寨沟演艺群为龙头，集歌

---

① 《藏羌彝文化产业走廊之四川篇》，中国经济网综合，2015 年 1 月 5 日。

舞娱乐场所、网吧、新闻出版业、民族民间工艺美术等极具特色的文化产业群。①

近年来，国家级非遗项目羌绣作为阿坝非遗产业重点项目发展态势良好。汶川特大地震后，当地政府推进实施"羌绣计划"，还创立了阿坝妇女羌绣就业帮扶中心，以公司化运作模式，与国外知名设计公司合作创建品牌，把羌绣产业推向高端市场；该公司还与联想、招商银行等知名企业建立合作关系，传承人在非遗大赛上屡获大奖，如今，羌绣产品已远销国内外多个地区。从阿坝州人民政府公布的 2019 年阿坝州文化产业发展情况得知，阿坝州已建成国家级文化产业示范基地 1 个，省级文化产业示范基地 3 个，藏羌彝文化产业走廊重点项目 3 个；各类文化产业活动单位已发展到 738 个，其中文化企业 82 家，从业人员 9200 多人。②

凉山州是我国彝族最大聚居地，拥有目前最大的彝族文化生态园，是藏羌彝文化产业走廊四川区域的重要组成部分。彝文化是凉山的特色品牌，凉山拥有彝族火把节、彝族年、史诗传说、漆器髹染技术、彝族服饰等多种国家级、省级非遗项目。针对以往"具有优秀文化资源却没有文化大产业"的现状，近年来地方政府采取了一系列举措。《藏羌彝文化产业走廊凉山州区域文化产业发展专项规划》制定了凉山围绕彝族火把节、彝族服饰漆器等地方特色文化产业，大力发展文化旅游、民族演艺以及创意设

---

① 《阿坝州"十二五"期间文化产业发展态势良好》，中国阿坝州门户网站，2015 年 9 月 11 日。

② 《阿坝州大力发展文化产业》，阿坝州人民政府门户网站，2019 年 9 月 3 日。

计等多项产业的规划。① 在 2017 年藏羌彝文化产业走廊（四川区域）重点项目工作会上，凉山州表示要在保护彝族传统文化原真性的前提下，依托凉山民族文化产业园区，以市场为导向，整合利用民族文化资源和区域旅游资源，形成以民族特色文化产业以及旅游产业为中心的彝族文化生态发展空间，打造"五彩凉山"文化产业村寨，建构文化与旅游有机融合的民俗文化品牌。

近年来，甘孜州也积极投入本地的文化产业建设，以甘孜藏族本土文化为重点，挖掘利用少数民族特色文化资源，如锅庄文化、康定情歌文化、格萨尔文化和唐卡文化等，积极推进文化资源向文化资本转化；鼓励年轻人从事非遗传承事业，组织非遗传承人开发噶玛噶孜唐卡、藏戏面具、民族手工艺品等一批极具民族特色的文化产品。2013 年，甘孜州"走进广东"系列文化活动达成了 96 个招商推介项目，总金额 315.77 亿元。② 在整个文化产业建设中，甘孜以典型非遗项目为开发重点，努力推动文化经济与互联网的融合发展，推出了文化旅游业、民族手工艺产业、演艺娱乐业、影视制作业等一批新兴文化产业。值得注意的是，在"十二五"期间甘孜文化产业园区的建设项目，大部分由政府文化公共服务建设作为支撑，市场参与度不高，缺乏产业项目和资金支持，尚未达到规划的理想水平。"十三五"期间，甘孜州以推进文旅、文体等产业融合，培育文化新业态，放宽文化市场准入等措施，吸引社会资本积极参与文化产业发展。

丰富的文化资源成为文化产业发展的基础，用创新的眼光开

---

① 《藏羌彝文化产业走廊四川区域成绩斐然》，中国经济网，2014 年 6 月 25 日。

② 《藏羌彝文化产业走廊四川区域成绩斐然》，中国经济网，2014 年 6 月 25 日。

发利用文化资源，是文化产业发展的不竭动力，文化资源优势成为信息时代最强的竞争力。"启动这些文化资本，在中国独有的传统文化资源基础上，构造具有中国特色和优势的文化产业体系，将使我们在全球文化市场竞争中占据不可替代的独特地位，而其他文化圈内的文化产业将无力模仿。"① 虽然我国的文化产业起步较晚，但随着改革开放的深入，市场经济、商品经济的活跃，信息技术的更新换代，社会各界对文化产业认识的深化和价值观念的转变，文化产业成为拥有巨大潜力的朝阳产业。四川藏羌彝文化资源在发展文化产业的背景下迎来了较多的发展机遇，藏羌彝非遗项目的创新性开发利用为文化产业的发展提供了不竭动力，是文化产业进一步繁荣发展的源泉与依托。

第三节　四川藏羌彝非遗的品牌典型

在四川藏羌彝文化产业走廊的建设过程中，地方政府、文化部门以及社会各界为打造非遗文化产业品牌，从不同角度给予了大力支持。从"十二五"至今经过十多年的努力，四川藏羌彝非遗文化产业也出现了一些知名品牌。民族生态产业园、民族文化产业园以及各种非遗文化产品不断涌现，形成了新的产业链和供给格局，取得了良好的社会效益和经济效益，有力地促进了四川少数民族地区的综合发展。四川及全国的大众传媒对四川少数民族地区民族生态产业园、民族文化产业园以及各种非遗文化的活

---

① 李书文：《文化产业化战略问题》，《软科学》，2004 年第 2 期。

态传承典型都做了及时广泛的传播，让更多的民众了解到藏羌彝非遗的生存现状和发展未来。

一、扩散式传播的原点——民族文化产业园典型

从前文关于藏羌彝文化产业的规划与成效的论述可以了解到自"十二五"规划以来中央对藏羌彝文化产业走廊建设的重视，以及四川地方政府对藏羌彝文化产业走廊建设的规划和所取得的阶段性成效。在四川藏羌彝文化产业走廊里，各民族自治州都在着力打造自己的民族特色文化园区。这些园区往往发挥着扩大宣传影响的名片效应，如羌族文化生态园、凉山民族文化创意产业园等，都得到过大众传媒的广泛报道。为了总结藏羌彝少数民族文化产业发展的经验，本书选择一些典型的案例作为发展传播重点关注和深度报道的对象。

典型的民族生态产业园、民族文化产业园是政府关于文化产业政策措施的试行区，是新思路、新经验的始推处，往往集中了典型的非遗项目和优秀的非遗传承人，是与外界进行交流合作的主要平台。如果从传播学视角考量，民族文化产业园区犹如一个同心圆的核心区域，是民族文化扩散的原点，产业园区的观念、经验会传递推广到整个地区以及其他地区的非遗项目保护传承之中。正如罗杰斯创新扩散理论思想、阐释创新扩散的方式那样，除了信息的传递、技术的推广，还伴随着新的思想观念的扩散影响，了解四川藏羌彝地区典型的民族文化产业园区，对传播的针对性、实效性以及内容与方式有着十分重要的作用。

（一）大凉山民族文化产业园的创意开发

在藏羌彝文化产业走廊各种项目的开发中，不同民族地区都在探索新的发展道路。凉山地区面临文化产业深入发展的新形势，将创意开发作为文化产业发展的关键。当地运用政府、企业、民间组织和家庭、个人组合投资的模式，打造了近8万平方米的大凉山民族文化创意产业园，将它作为当地彝族文化产业的平台，从2015年8月开园后吸引了各地消费者。为了在追求经济利益的同时不失去民族文化特色，园区在建筑风格上保留了彝族传统的瓦板房屋建筑符号，以传统的红、黄、黑三原色展示彝族民居特色。该产业园依据凉山州独具特色的民族文化资源创意，策划建立了横穿产业园的"彝绣一条街"，与"大凉山彝族服饰展示馆""凉山州彝绣培训中心"构成了旅游文化商业的合理布局。上百家商家争相租赁门市摊位，汇集彝族服饰、彝族漆器、彝族银饰、珠宝首饰、传统乐器、手工艺品以及土特产，展示出浓郁的民族特色。这个园区将非遗展示、产品创新、生产制作、市场交易、创业培训等项目进行科学合理整合，多方位地发挥着民族文化产业的作用。据笔者在园区现场的调查，园区建立的妇女创业示范基地、妇女居家灵活就业示范基地、彝绣培训中心、青年创业孵化中心等都是当地前所未有的产业形式和非遗人才培训平台。这既开拓了大众创业，合力推动地方经济的新路，也有效地保护和传播了彝族非遗文化。近年来，产业园还涌现了一些发展民族文化的创新创意典型。如彝族服饰的传承人贾巴子创办的某彝族服饰生产公司，在产业园里占地两千多平方米，用于彝族传统服装的设计、生产与展示等，产品远销全国各地甚至海外。由吉伍巫且父子两代彝族漆器髹饰技艺传承人在园区并办的"漆之光"漆器店，在保留彝族漆器原始古朴风格的同时，利用现代科技，开发出了茶具、旅游纪念品、现代室内装饰器具等新产品。在产品销售方式上，他们"推陈出新"，利用网络等新技术，在淘宝、微信上开设网店，采用"线上＋线下"的模式，推广漆器产品，传播漆器文化。

如今，凉山民族文化创意产业园不仅带动了凉山旅游观光业的发展，还通过对凉山民族文化的深入挖掘，加深了人们对凉山彝族文化的认识和了解，是藏羌彝文化产业走廊的重要文化组成部分，充分展示了凉山彝族多彩文化。2016 年 3 月，大凉山民族文化创意产业园举行了中国彝族服饰展，服饰展上展出了 10 余种彝族服装，让凝聚彝族先民智慧的"红、黄、黑"得到了新的演绎。[①] 这次精彩的服饰展不仅让更多人认识了彝族服饰，也让更多人认识了大凉山民族文化创意产业园。大凉山民族文化创意产业园知名度越来越高，影响力越来越大，已然形成了凉山民族文化产业的一块"招牌"。大凉山民族文化创意产业园对于构建大凉山全域旅游布局、发展凉山旅游首位产业、打造藏羌彝文化旅游长廊重要节点有着重要意义。

（二）羌族文化生态园的原真性开发

该园区是在 2008 年汶川特大地震之后建成的，是一个维护文化原真性、坚持可持续发展理念、活态传承羌文化的典型案例。园区主要包括四川境内的阿坝汶川、理县、茂县和绵阳北川，以茂县的"中国古羌城"为代表项目。"中国古羌城"于

---

① 《大凉山民族文化创意产业园：让凉山民族文化走向世界》，凉山日报全媒体，2017 年 11 月 24 日。

2013 年开城，景区由沙朗广场、羌族博物馆、羌族非物质文化遗产传习中心、羌王官寨、羌民居、神庙、宗教祭祀以及多个非遗文化产业链构成，其中以沙朗广场、羌王官寨、演艺中心等场地为依托，展示羌族非遗的活态传承。在"中国古羌城"，人们可以看到羌王议事、羌族多声部演唱、羌笛制作、羊皮鼓舞表演等原生态的生活景象，还可以参与其中，充分体现了生态体验式旅游模式，同时还能买到羌族非遗产品。以"中国古羌城"为代表的羌族文化生态产园区成为羌文化的集中展示区，集中了羌族国家级、省级等多个著名的非遗项目展演、制作，为非遗传承人传授非遗技艺提供了良好的平台，是非遗传承人成长的摇篮。非遗传承人集中在园区可以交流学习、收徒传艺，不仅传播了文化，增加了人们对羌文化的认识了解，增强了羌族人的文化自信和自觉意识，同时还解决了当地一部分人的就业问题，促进了经济发展。截至 2021 年 6 月，阿坝州共有国家级非遗项目 20 项、国家级非遗代表性传承人 13 名、省州级非遗项目数百项。其中，羌年被联合国教科文组织公布列入"急需保护的非遗名录"，藏碉、羌碉与羌寨被列入《中国世界文化遗产预备名单》。2017 年 5 月，羌族文化生态园区成果报道展示，汇集了丰富多样的羌族传统特色文化，包括羌笛制作、羊皮鼓、羌绣、服饰及羌族剪纸艺术等。据报道，2016 年，羌城共接待游客 90 余万人次，实现产值 1856 万元，解决了 1200 余人就业，同时带动了羌城周边乡村旅游发展。[①] 可见，这些举措不仅保护、传承、传播了非遗，更是活态化传承民族文化的创新创意体现。

---

① 吴晓铃：《羌族文化生态保护区：羌文化活态传承》，中国社会科学网，2017 年 10 月 9 日。

（三）宁强羌族文化生态保护实验区的借鉴意义

陕西宁强羌族文化产业园并非四川藏羌彝文化产业走廊中的文化产业项目，但它毗邻四川，属于藏羌彝文化产业走廊，其建设理念、创办模式以及经营效果都为四川羌族文化覆盖地区提供了很好的典范。宁强县位于陕西省西南部，自 2008 年被确定为"羌族文化生态保护实验区"以来，当地政府十分重视利用当地资源开发民族文化产业，加大对文化产业的扶持力度，开展羌族文化研究、羌族文化博物馆建设、羌族民俗村维护修建等工程，形成集古羌文化保护、民族风情旅游和羌族特色文化园区为一体的文化产业格局。该县凭借保存比较完好的羌族历史建筑、文物古迹、地方小吃、宁强傩戏等独具特色的羌族地方文化资源，大力发展文化产业。宁强羌族文化产业园于 2009 年启动，园区按功能分为四个区域，包括羌族博物馆区、羌族文化体验区、民俗风情游览区、羌族餐饮文化区。据宁强县政府网报道，2015 年园区接待参观人次达 70 万。2011 年至 2015 年，宁强共接待游客 733.63 万人次，实现旅游综合收入 30.63 亿元，有力地推动了全县经济的快速发展。该县从事傩艺武技表演的民间艺人 360 余人，遍布全县 26 个乡镇，傩戏表演队除在产业园区表演，还多次到省内外交流表演。宁强县将文化产业与旅游产品与生态、新农村、美丽乡村建设等深度结合，以"集中力量建设精品"的思路，打造了"汉江之源、羌族故里"文化产业品牌。仅 2015 年国庆黄金周期间，青木川就接待游客 18.08 万人次，实现旅游综合收入 7774.4 万元，同比分别增长 48.6%、54.7%。①

陕西宁强在文化产业的开发利用上所取得的成效和经验对藏羌彝文化产业走廊的建设无疑有着重要的启发意义，尤其是对四川羌文化地区的产业开发有着直接的借鉴意义。媒体应深入藏羌彝文化产业走廊的现场，及时发现文化产业开发的成功典型，通过多媒体、多途径的传播让典型的经验得以推广，以点带面，使少数民族地区的文化产业产生更好的效益。建立文化产业园区，让非遗有了依托和平台，以发展产业倒逼文化保护与传承是市场经济条件下非遗活态传承的有利途径。但在打造文化品牌的同时，应该尊重文化自身的发展规律，以体现文化内涵、维护民族文化特色作为发展文化产业的前提。政府、媒体应起到帮扶、引导和推介的作用，意识到保护传承的主体是民族群众，同时还应注意维护文化原生环境的完整性与原真性。维护文化多样性是保护传承与传播非遗的初衷，不能将非遗文化产业园区打造得整齐划一、千篇一律，使其失去了个性与特色。正如有学者讲道：中国民族文化的生存发扬，不能依靠模仿古文化产品来体现，也不能依靠政府保护来实现。就第一个方面来说，当代文化创造过程中的"古风"追求、产业化开发中的仿古建筑等，在理想的意义上虽可在有限的范围内营造一定的传统气氛，唤醒今人对传统文化的体认和记忆，但其本身只是无生命的抄袭，与现实的中国生活并无内在联系，实际游离于当代文化之外。至于若干低劣粗糙的古文化遗产开发，反而造成对古文化遗产的灾难性破坏。②

---

① 《陕西宁强："羌族故里"构建文化产业梦想》，宁强县政府网，2016 年 5 月 11 日。

② 单世联：《全球化时代的文化多样性》，《天津社会科学》，2005 年第 2 期。

二、民族文化传播中的意见领袖——个体创业典型

除了民族文化产业园区的示范影响，四川藏羌彝地区还涌现了优秀的非遗传承人。他们一方面保护传承着民族本土文化，一方面还善于将民族文化的保护传承与市场经济结合起来，以发展的眼光承继创新民族文化，不仅带来了经济效益，还带动了一批人发家致富。他们的新思想、新观念也影响着当地非遗的保护传承，他们犹如民族文化传播中的"意见领袖"，是当代民族文化传播的形象使者和创业创新的鲜活案例。所以，在四川藏羌彝文化产业的开发建设中，我们不仅要注重民族生态产业园区、民族文化产业园的规划和建立，扶持培养文化园区成为民族文化品牌，还应同时注重对非遗传承人的扶持与培养，将他们具有的民族文化的特长和技艺作为文化产业开发的珍贵资源，从政策倾斜、资金筹集到技能培训、开业营运，都要给予实在有力的支持，让他们的产业也成为有特色的品牌。近年来，四川的非遗传承人在政府的帮扶下，享受了各种政策的优惠，在产品与市场的开发上既获得了显著的效益，同时也保护弘扬了民族文化。研究分析和传播他们的经验与成效，对构建少数民族非遗文化个体产业具有积极的鼓励作用和借鉴价值。

（一）走向国际的羌绣产业典型

羌绣作为羌族非遗文化的一个传统项目，早在 2008 年已申报为国家级非遗项目，但在羌族地区羌绣更多的还应用于日常生活用品的制作和使用。作为文化产业来开发和利用，则是由羌族一些个体商家自发进行的。他们中最典型的开发者是平武的羌族

妇女沈艳燕，她创立的公司规模远不能和政府扶持的民族生态文化产业园、民族文化产业园相比，但她走出了一条值得肯定的羌绣传承之路。

沈艳燕自幼跟着婆婆学会了各种羌绣针法，擅长在衣服、围腰、鞋面、纳袜底上绣出具有羌族特色的各种漂亮的花形图案。"5·12"汶川特大地震以后，许多羌族文化传承人在地震中遇难，在北京打工的沈艳燕回到故乡发展羌绣，想带领乡亲们将羌绣工艺品推向市场，振兴羌族文化，帮助父老乡亲从痛苦中走出来。她用自己从羌绣传人那里学到的技艺绣出样品，给村寨里向她求教的羌族妇女示范，并向她们传授羌绣针法，还用回收羌族妇女绣品的方式鼓励她们发展这门非遗技术。她传承羌绣的执着和创业事迹受到新闻媒体的广泛报道，引起中央及省市的文化部门以及社会民间文化团体的关注，得到各界支持，办起了羌绣职业培训学校，培训绣娘和开发羌绣产业。据报道，为了庆祝祖国60华诞，她与500名绣娘制作的巨幅《羌魂》及其他优秀的羌绣作品在国内各地进行巡展。展后将《多难兴邦》《警察妈妈》《敬礼娃娃》《握手》等几幅羌绣作品通过省委、省政府赠送国务院，还有18幅作品被中央民族文化宫等博物馆收藏。① 受到各界高度评价的沈艳燕在当年创办了平武走马羌寨文化旅游开发公司，并做出产业规划，充分结合资源优势，打造羌绣文化旅游产业园。很快，占地20余亩，传习舞台、广场、民俗博物馆、羌绣培训学校、绣园等一应俱全的羌绣文化旅游产业园开园，吸引了众多游客，开发出了以羌民俗文化、古羌梅文化、茶文化等为

---

① 邹俊川：《沈燕艳：飞针织就"羌绣梦"》，《四川日报》，2013年6月19日，第9版。

主题的多个文化旅游产品，成功举办了"疱汤节""羌历年""瓦尔俄足节"等乡土特色浓郁的文化活动，带动了 70 多家农家乐的发展。沈艳燕创立的"走马羌寨"文化品牌在 2014 年被纳入文化部藏羌彝文化产业走廊项目库。无论是综合型的大型文化产业园区，还是个体创业的文化产业项目，都必须善于创造品牌，从当地走出去开拓广阔的市场。沈艳燕与其团队在拓展国内销售渠道的同时，注重开拓省外与国外销售渠道，使羌绣制品不仅销往国内各大城市，还远销美国、法国、日本等国际市场。2016年在联合国总部举办的"联合国中文日"活动现场，沈艳燕身着羌族传统服饰，为各国来宾献上羌红和走马羌寨绣娘们手工绣制的古羌茶旗，还现场展示了羌绣技艺，得到大家称赞。沈艳燕作为羌绣传承人，成功地将羌绣开发为一个影响广泛的文化产业创意品牌，将羌绣文化的保护传承与地方旅游产业相融合，打造羌族特色文化旅游，以"企业＋基地＋绣坊"的机制运营，形成了"小针头带动大产业"的商业模式，使之成为一个特殊的民族文化符号，在四川藏羌彝文化产业走廊中大放异彩，为非遗的保护与活态传承以及产业开发提供了值得学习推广的典型个案。

（二）彝裳传承与创新的开发尝试

笔者在凉山州的采访中，了解了彝族女青年阿牛阿呷传承民族文化和彝裳开发的事迹。阿牛阿呷是一位出色的"八〇后"彝族服饰设计师，也是继承传统又善于创新，为彝族服装开拓了一条新路的彝文化传承人，被媒体报道为"诚义彝裳的创意者"。凉山的彝族服饰作为著名的非遗项目，具有十分鲜明突出的民族特色。随着时代的发展，彝族地区的民众对服饰的实用与审美需求在发生变化，社会各界对于民族服装的审美自然也会发生变化。在服装设计理念上，阿牛阿呰首先是抱持尊重与传承民族文化的态度，在众多服装设计师追赶时髦、随大流，将民族服装搞得过于鲜艳夺目的时候坚持"适可而止"的原则，善用减法，在现代彝族服装上进行保留特色基础上的创新。

在中国传统和现代彝族服饰彝绣的设计大赛——《彝裳秘境》中，阿牛阿呰为布拖县设计的"哈伯拉蒂"系列服饰获得金奖。她围绕着布拖阿都典型的服饰文化进行创作，以减法在阿都服饰众多元素中提取最突出的三种元素，其中一种是哈伯拉蒂的造型和材质，用布拖独有的小坎肩披毡形式，来进行羊毛擀毡。羊毛擀毡工艺也是国家级非物质文化遗产，这个哈伯拉蒂的名字就是原汁原味的彝语译音。另一种是布拖的百褶裙，从纺线、染线、织布到后面的褶子都是纯手工缝制，工序精细，这让百褶的韵律感变得更强，在市场上手工的百褶裙能卖到两万元一条。再一种是色调的提炼，布拖彝族服装传统颜色以绿色、深蓝色等为主，用较大面积的白色和红色在其中作点缀，有协调整体色调和增强温暖感的作用，再辅以彝族服饰中的盘扣与银饰，这样就成了让人既熟悉又具陌生感的"哈伯拉蒂"。阿牛阿呰带着学徒做了很长时间的调研，她亲自指导农村的手工艺人来做，采用最原始的办法，做出来的披毡不掉毛，精致而轻薄。

阿牛阿呰及其团队苦心十年探索追寻，到全国各地征集古彝装。能得以妥善保存的大都是贵族的盛装及其日常着装。这些古老的彝族传统服装透出的贵气和雍容华贵的大气有一股很强的冲击力，无论是配饰、造型、材质，还是颜色结构的搭配，都遵从最古老的元素，象征性地展示出古彝贵族的生活。贯头衣是服饰文化的活化石，吉祥图和贯头衣的结合，可以体现出一种神秘古老和宗教祭祀的庄重威严。为了中和这一系列服饰略显阴森的格调，阿牛阿�располоżż添加了百褶元素和马牙齿镶嵌的布拼工艺。马牙齿镶嵌最早出现在战服上，表现出骏马配英雄的气概，后期也用在女装上来显示女子的英姿飒爽，再配上飘逸的百褶，为服装平添了一股灵动之美。阿牛阿呁深挖百褶裙的历史，让"越西韵"上的每一条百褶都渗透出浓浓的文化感。[①]

　　阿牛阿呁关于凉山彝族服装文化的传承与开发创新理念是她创造品牌的重要支撑。她认为一件大家都愿意穿的衣服一定是轻便、时尚又不失自己民族文化符号的。为此，她将时尚元素加入传统服饰，让传统民族文化从时尚现代服装里渗透出来。这样的设计标新立异，让人耳目一新，得到了专家们的一致好评。阿牛阿呁在彝族服装的产业化尝试中，获得了不少地方文化部门的奖项，但她一直不以做市场为主导，而是坚持传承技艺为先。阿牛阿呁的服饰公司设在离市区很远的白庙，那个地方有很多彝族村子，可以方便农村妇女居家就业，更好地让彝族服装文化在现实生活中得到活态传承。阿牛阿呁承办的公司属于校企联办的个人承包企业，她将公司当成产学研的一个实践平台，自觉地为凉山彝族服装文化这项非遗项目的产业化探寻传统与现实结合的道路。阿牛阿呁说，他们也算是把传承引进一个正规学校里的先驱了，解决了面临失学的学生的求学之路，适合自己的才是最好的，这更促进且推进了传统文化的传承，增强了传承传统文化的信心。[②] 阿牛阿呁关于彝族文化传承的观念和彝族服饰设计的创意理念影响到彝族服装的变革。对彝族服装进行过田野调查的北京服装学院师生撰文发表了他们的意见，他们认为时代的变迁，

---

① 《减义彝裳，一位"倔强"的传承行者》，凉山非遗网，2015 年 11 月 5 日。
② 《减义彝裳，一位"倔强"的传承行者》，凉山非遗网，2015 年 11 月 5 日。

岁月的洗礼，没有什么可以恒久不变，彝族服饰亦是如此。① 随着气候变暖以及西方流行文化的浸染，那些最原始厚重的传统服装已经不能满足现代人的生活和审美需求，变革与创新势不可挡。在传统与现代各种观念影响下，凉山彝族服饰也产生了一些革命性的进步。首先，便于日常生活穿着；其次，服装面料选择的范围更广，可以满足不同气候条件的需求；最后，款式制作上也加入了许多创新创意，体现了时代特色和非遗的活态化传承趋势。同时，我们也要注意到创新应该是继承传统风格意义上的创新，而不是抛弃传统本真和特色的外在追求，更不是一味迎合市场包装炒作需要的作秀。正如《彝裳秘境》大赛的评委所言，青年彝族同胞应该不断承继彝族传统历史文化，因为只有拥有厚重的文化底蕴，才能制作出承载民族传统的经典服饰。2019 年 9 月 19 日，唯品会携手中国妇女发展基金会妈妈制造专项基金、北京服装学院等历时 6 个月共同打造的 20 款非遗时尚产品正式上线，带动了 300 名彝绣绣娘就业增收。

（三）唐卡开发利用的探索

在四川藏羌彝文化产业走廊的开发中，唐卡被列为重点生产性保护项目。唐卡具有特殊的民族宗教文化意蕴和很高的艺术价值，被越来越多的人喜爱。为了对其进行保护传承，同时也是为了满足现代社会消费的需要，四川藏族居住地的一些唐卡传人在政府支持下，对唐卡进行了生产性保护开发。他们中根秋扎西开发的噶玛嘎孜唐卡工程、拥忠洛吾开发的"郎卡杰"唐卡产业都做出了开拓性的努力与实践。

---

① 《北服美女谈彝装》，凉山非遗网，2015 年 8 月 27 日。

1. 根秋扎西的噶玛嘎孜唐卡工程

近年来，在我国西部大开发战略的实施和对民族文化遗产保护形势的促进下，甘孜藏族地区政府有关部门及德格籍噶玛嘎孜唐卡传人根秋扎西共同策划了唐卡的生产性保护措施，调集各地唐卡画师，创作生产了噶玛嘎孜风格的《格萨尔》1288幅唐卡。这样大规模的绘画工程不仅对噶玛嘎孜画派起到了直接有益的保护传承作用，也对藏族居住地非物质文化遗产的生产性保护起到了很好的推动作用。目前甘孜和炉霍都在唐卡的开发上进行了探索。甘孜作为藏族传统唐卡题材的母题——格萨尔英雄和史诗的诞生地，历史上就有著名的噶玛嘎孜唐卡画派。该画派于2006年被列入第一批国家级非物质文化遗产名录。噶玛嘎孜画派流行于四川省甘孜德格等地。噶玛嘎孜画派绘画艺术的影响深远，以德格为中心向康巴其他地区辐射，遍及今甘孜藏族自治州的18个县，甚至在青海省玉树地区和西藏昌都地区都得到广泛传播。

改革开放以来，新崛起的"甘孜藏画"从德格的噶玛嘎孜画派中直接汲取艺术养分，并对绘画技术有所创新，运用多种涂金染金勾线绝技，将金色分成多种色调变化，在黑底上勾画出不同层次效果，也可在大片涂金的地方摁出各种宝石线。当地画家集体创作的《岭格萨尔王》《吉祥如意》《1936年朱德会见格达活佛》三件艺术珍品，参加了在北京举办的全国第一届少数民族美术作品展，并被评为优秀作品，后均收藏于北京民族文化宫。其中，《岭格萨尔王》还被选送参加了法国秋季沙龙画展。甘孜为了进一步做好噶玛嘎孜唐卡的生产性保护，在保持其原真性的基础上创新发展藏族传统绘画形式，在2014年邀请噶玛嘎孜唐卡传人连续举办新概念唐卡的系列讲座。所谓新概念唐卡，是在继承传统唐卡文化内涵与绘画艺术的基础上，弘扬唐卡的民族特色和艺术风格，同时在表现形式、内容等方面融入时代特征，期望用这种形式开拓唐卡活态传承的新途径，推动唐卡在新时期的发展繁荣。

2. 拥忠洛吾开发的"郎卡杰"唐卡

四川炉霍县在"郎卡杰"唐卡的生产性保护中，结合本地的非遗保护传承规划，充分利用当地的唐卡资源组织生产性保护活动。在各种流派的唐卡中，"郎卡杰"唐卡绘画艺术属于四川藏族地区唐卡的一个支系，17世纪由出生于今炉霍县新都镇朱巴村的郎卡杰画师创立。他最著名的代表作品是《如意宝藤》，藏于东谷寺。该画描绘了释迦牟尼一生的事迹传说，共31幅（现存29幅），是唐卡艺术的绝世珍品，蜚声中外。20世纪80年代炉霍县上的画师不超过10个人，炉霍"郎卡杰"唐卡一度面临失传的危机。如何传承这种古老的艺术困扰着大家。

2007年，当地政府成立了炉霍县唐卡绘画艺术协会，由拥忠洛吾任唐卡协会会长。协会有"郎卡杰"唐卡老师7名，免费培育了不少学徒。在拥忠洛吾和画师的共同努力下，唐卡得到了市场化运作。经过多年的探索实践，他们绘制出的一批批"郎卡杰"风格唐卡，产生了较大的市场效益，为促进地方经济发展做出了一定贡献，对唐卡的保护传承也探索了新路。拥忠洛吾认为，他们的市场化运作不仅让古老艺术得到更好的保存，还从一定程度上解决了当地困难家庭孩子的就业问题。为了更好地传承"郎卡杰"唐卡，拥忠洛吾打算近年用唐卡产业换来的收入和从政府争取的资助办一个比较大型的博物馆，用来陈列"郎卡杰"唐卡，更大规模地宣传唐卡，弘扬唐卡文化精神。同时建造专用的教学楼，让更多的年轻人学画唐卡，将这门古老的艺术传承下去。2015年中央媒体记者专门采访报道了他领创的"郎卡杰"

唐卡开发项目，面向全国做了宣传报道。2017年炉霍县政府为了推进本地民族文化产业发展，在申报"郎卡杰"唐卡绘画为国家级非物质文化遗产的同时，投资1000万元建设唐卡职业教育基地，加强培养唐卡绘画人才，为将具有当地特色的"郎卡杰"唐卡推向市场做好最重要的准备。同时，他们计划在成都、北京、上海、广州等地，合作建立"郎卡杰"唐卡文化公司，通过发展市场来获得经济效益，促进地方经济和文化的共同发展，使"郎卡杰"唐卡广为流传，得到更好的活态传承。在近几年的唐卡开发中，当地的"郎卡杰"唐卡作品不仅在当地的群众中得到了更好的传播，在国内不少地区也获得了好评。

　　为了让四川唐卡文化得到很好的传承，促进唐卡的生产性保护，国家有关部门不仅在财力上给予了帮扶，还从政策和宣传方面给予了支持。2017年11月13日由文化部、教育部主办的中国非物质文化遗产传承人群研修研习培训计划——藏族唐卡普及培训班在西南民族大学开班。阿坝州的四十名学员集中在一个月的时间系统学习唐卡绘画技艺，提升了他们的学习能力和传承水平，这样的培训旨在帮助从事唐卡技艺的学徒或一般从业人员解决创作、绘制唐卡过程中的技术难题，促进唐卡艺术与现代绘画的交融发展，也为不同画派唐卡学员创造了更多交流学习的机会。①

　　在四川少数民族地区，无论是政府扶持的特色文化产业园，还是民间团体、个人力量兴办的文化产业，都对非遗文化的生产性保护和开发利用进行了有益的尝试和探索，在少数民族文化的

---

① 《文化传承藏族唐卡普及培训班开班》，四川网络广播电视台－四川观察，2017年11月13日。

传承和供给侧改革中取得了初步的成效。四川藏羌彝文化产业走廊建设项目作为四川省发展现代文化产业体系重点项目之一，主要是以藏羌彝民族文化资源产业转化为基础，打造藏羌彝文化产业特色品牌活动和品牌产品。为了加快藏羌彝文化产业走廊的建设速度并取得更好的成效，四川省总结了近年来省内少数民族文化产业开发的经验和教训，制定了新的目标和发展步骤，积极争取成立藏羌彝文化产业基金，建立具有综合优势的藏羌彝文化产业园区，大力推进民族地区传统工艺与非遗保护和创新工程，民族地区历史文化名城、名村保护利用工程，民族地区文化走出去工程和民族地区文化产业人才培养工程等重大工程，切实执行国家关于藏羌彝文化产业的有关政策与措施，加强文化与经济、产品与市场开发的研究和创新，大力促进藏羌彝地区文化资源向文化产业转变。在四川藏羌彝文化产业走廊的建设中，大众媒体发挥了积极的传播作用，不论是对国家和地方政府有关方针政策和规划举措的传播阐释，对非遗文化产业的市场导向提供有益的信息，还是深入文化产业开发的调研或参与一些文化项目的策划，都体现了大众媒体对地区发展所做出的重要贡献。特别是经大众传媒所发现和报道的文化产业开发利用的典型和先进经验，给当地和其他地区的非遗产业化发展提供了鲜活的案例。以信息传播和资源共享带动地区发展，正是发展传播理论在中国本土化传播中的实践运用，同时民族文化传播、民族文化产业发展的经验和教训也能进一步丰富发展传播学理论，逐步形成一套适合自己的发展传播理论体系。

三、非遗产业化与消费的异化

非遗产业化是对非遗进行生产性保护的一个重要途径。近年来，从四川的非遗开发利用与市场来看，无论是将非遗资源作为旅游景点还是作为工艺品开发，都取得了显著的效益，不仅促进了非遗文化的传播，也在一定程度上推动了民族地区社会的整体发展。但是我们必须看到，有些非遗的符号化消费背离了民族文化和传统，只是对市场效益的片面追求。一些非遗产品的作坊不是在维护非遗原真性基础上的生产性保护，而是以市场为导向，在加工制作中偷工减料，以营利为主要目的，批量化生产的非遗工艺品质量不高、缺乏特色。这样的生产和市场的符号化消费，都反映出违背生产化保护与正常消费的异化现象。阿芒·马特拉和米歇尔·马特拉在《传播学简史》中谈道，社会和经济因素决定消费，也影响着文化产品的制作与消费。[①] 四川藏羌彝文化产业诸多项目的开发中，一些特殊文化商品走向市场就发生了质变。非遗文化艺术能否在消费社会里保持原生态的品质与特色，而避免少数非遗产业化与消费的异化，是大众传播应当关注和研究的一个现实问题。

四川一些唐卡作坊制作的产品也比较典型地反映出非遗产业化与市场消费的异化现象。近年来，唐卡市场发展很快，唐卡价格也随之猛涨，吸引了不少人介入唐卡的生产与销售。笔者在马尔康、红原、康定、德格等地区考察发现，不仅有一些民间公司

---

① ［法］阿芒·马特拉、米歇尔·马特拉：《传播学简史》，孙五三译，北京：中国人民大学出版社，2008 年版，第 99 页。

或产业园区在生产销售唐卡，甚至一些藏民家里也有唐卡加工制作的作坊。唐卡成为一些县乡政府主推的经济项目，有的还将唐卡工厂开到了沿海地区。基于使唐卡得到活态传承，使其既能在寺庙和藏民家保持原有的宗教和文化意义，又能让其他地区的民众得以收藏欣赏等目的，开发唐卡有其合理性和现实需要。无论过去或现在制作唐卡所花的成本都比较高，绘制和销售获得相应的经济收益也属合理。但现有市场上唐卡昂贵的价格造成了市场紊乱，让唐卡的声誉严重受损。一些不法商家盲目追求高额利润，迎合快餐式文化时尚，对唐卡的题材选择随意化，或使用劣质颜料进行批量生产制作。在成都第六届国际非遗艺术节上唐卡传承人阿尼曾向笔者讲述，传统填色方法与现在大范围的喷绘填充方式是有本质区别的。传统颜料因选用金银宝石及天然染料，价格昂贵，磨制也非常艰难。现在许多唐卡的制作，为节约成本，用人工颜料取代天然颜料，或掺杂混用。唐卡的手工拉线也是用复写台透写，用唐卡样画描绘底板，而当下唐卡图案甚至还出现了时下流行的一些动漫元素。笔者在某地区非遗展区看到唐卡菩萨的头是传统工笔着色的佛像头，身体却表现出夸张的漫画风格。这些现象无疑扭曲和异化了唐卡宗教文化的庄严与深刻内涵，盲目迎合市场、不惜损害珍贵的艺术特性。

当然，关于唐卡的传承问题，目前也存在争议。有坚守传统制作的理念，也有支持现代化生产商业化运作的理念。唐卡传人扎西多吉告诉笔者，随着唐卡知名度提高，必然结果就是市场需求的激增，自然对画师的人数需要也就更多。在传统的师徒相承关系下，培养一名合格的唐卡画师需要十余年。而现在的绘画人员有不少是边培训边投入辅助画画，有的还达不到画师水平便已独立作画。绘画人才与艺术标准的检测环节处在不完善的发展阶段，唐卡的产品质量高下与市场价格高低也缺乏判断的标准。操纵唐卡市场的一些人利用市场信息不对称、市场管理混乱、消费者鉴赏能力不到位等因素，用品质低劣的唐卡取代冒充优质唐卡，获取暴利，蒙骗了消费者。数量不少的劣质唐卡由此涌向市场，作为符号消费的奢侈品损坏了消费者的利益。这样的生产目的和方式严重背离唐卡宗教艺术本身和保护传承唐卡的初衷。"在一个已经符号化的消费社会里，人们通过消费各种作为符号的物品，而获得各自的身份认同。于是当物品成为系统化的符码，而符码又潜在地控制社会之际，消费便往往与通常认为的满足'需要'没有多大关系了。"① 唐卡艺术的生产方式和市场走向就典型地体现了消费社会的特征。人们注重的是唐卡符号带来的社会地位和身份影响，以及在市场炒作中逐步升级的商业效益，而不再关心它的历史艺术价值，以及它所承载的民族宗教信仰和精神内涵。如此一来，唐卡的艺术灵韵在制作中逐渐消解，在销售、收藏、传播中被逐渐忽略。

　　粗放打造民族非遗旅游景点，在四川藏羌彝地区也是一个问题。汶川地区羌民聚居的萝卜寨曾是闻名全国的千年古寨。寨子建在海拔两千多米的山峰上，所有的民居都是夯土筑墙，每家的住房都是两层，底层圈养牛羊，楼上住人。屋顶用于堆放柴火和粮食，也用于晾晒粮食。上楼的梯子都用粗大的原木对剖刻阶制成。寨子的巷道狭窄但四通八达，巷道的青石板下有排水道。在村旁有一座古井，供全村人畜饮用。居民百户上千人的规模在四川羌族地区农村羌寨中实属罕见。寨里图案特殊的羌绣、远近闻名的多声部民歌、羌笛都属于羌族的非物质文化遗产。这里的土

---

① 李彬：《传播符号论》，北京：清华大学出版社，2012年版，第288页。

木结构民居极具羌寨特色，寨子耸入云霄，被人们称为"云朵上的村寨"。"5·12"汶川特大地震彻底摧毁了萝卜寨，灾后重建中当地政府将其作为旅游景点打造，由于偏重商业利益的考虑，大多民居都被打造成钢筋水泥与木料混成的住家旅店，虽然墙壁上挂着不少羌族图腾羊头骨的标志，现代化的墙壁上吊着玉米辣椒，但也并不能体现萝卜寨曾有的原生态。不少游人到了灾后重建的萝卜寨都感到比较失望，好像只是到了普通山区的农家乐。

甘堡藏寨也同样缺乏民族传统文化特色，灾后新建的藏碉、民居以及转经的长廊，以及表现格萨尔题材的雕塑、跳舞广场、演出剧场都明显带着市场化的痕迹。甘堡藏寨处于交通方便的国道旁，虽有不少游客前往游玩，但更多的人只是当作节假日的旅游消费，并未从中了解和感受到民族非遗的历史文化和艺术内涵。

藏羌彝非遗项目中的不少歌舞、节日庆典活动被旅游景点开发为售票演出的观赏节目。为了迎合观众娱乐的需要，这些节目往往在商家的策划下，在演出内容、服装、程序上都做了很多舞台化的处理，削弱或遮蔽了少数民族歌舞、仪式活动的非遗特色。一些少数民族的仪式活动本来是在重大节日才举行的，然而为了招徕游客，一些旅游景点天天都举行这样的仪式。由于当地劳动力外流，有限的群众演员不足以应付频繁的仪式活动，加上游客流量并不饱和等原因，仪式活动常常缩小规模应付了事，游人看到的并非具有原生态特色的少数民族非遗文化活动。这些现象都不利于少数民族非遗生产性保护和原真性保护，反而会削减非遗的历史文化价值，在传播交流中造成负面影响。

一些非遗项目由于被不合理地加工与包装，应该保留的民族文化元素被忽略甚至于被歪曲，丧失了原有的民族特色与精神内涵。非遗的市场化消费现状与其他商品的市场现象类似，与人们的消费心理和社会文化消费环境有关。美国学者艾伦·杜宁认为消费就是这样一个踏轮，每个人都在用谁在前面和谁在后面来判断他们自己的位置。[①] 在商品经济社会里，人们的消费观发生了扭曲，不再注重物的使用价值而更多追求其符号价值，追求符号带来的身份地位。而人们对符号的推崇心理，往往受到社会文化环境的影响。各种消费信息、时尚潮流通过发达的现代媒介进入人们的视野，影响并改变着人们的消费观念和行为，让人们在消费社会形形色色的符号中互动狂欢，迷失了自我。这样的商品符号诱导着人们的消费，人们因此被物质消费建构的符号异化。随着社会收入水平的整体提高，人们的消费追求转变为表现自己身份地位和追求精神上的满足，在攀比与虚荣中体现价值和存在感。比如，有些人去观赏唐卡、购买收藏唐卡，其实并不知道唐卡承载的丰富文化内涵、文化价值，而仅仅满足于看过唐卡或拥有价格不菲的唐卡。再如，去民族旅游地区购买那些民族服装、配饰与器具，也并不去了解它们的文化内涵和象征意义，只是买下来显示"另类"时尚使用，或闲置一旁，满足拥有的心愿而已。或者，不少去民族地区游览的人满足的是"我到过这里"的消费感，发表粗浅观感的图文到朋友圈，并不了解这些地区的民族文化内容，对那些伪劣的民族文化仿制品也并不在意。面对这样的现象，政府应出台相关政策措施加强非遗生产开发和市场管理；大众媒介则应配合政府体现宣传职能，以保护传承和传播民族文化为立足点，进行大众价值观和消费心理的引导，维护大众

---

① ［美］艾伦·杜宁：《多少算够——消费社会与地球的未来》，毕聿译，长春：吉林人民出版社，1997 年，第 20 页。

文化的正常走向；受众也应该提高文化素养和艺术修养，提高文化产品鉴别能力，理性地选择和消费。

少数民族非遗的开发利用离不开政府的扶持和科学的引导。如果过度开发利用，违背非遗艺术规律的生产制造，对非遗本身的文化形象造成消极影响，就会背离保护传承非遗的初衷。当下的非遗传播大多只着重于地方非遗开发利用和经济效益的宣传，而忽视对非遗原真性的维护与活态传承的宣传，许多非遗项目本身的文化内涵、艺术属性以及保护意义被商业化的广告信息遮蔽，进而在市场消费中被消解。笔者认为市场经济条件下，消费社会氛围中，充分发挥大众传播的宣导功能，同时为非物质文化遗产的保护与传承营造良好的媒介生存环境显得非常重要。非遗产业为人们提供怎样的符号体系，释放怎样的符号意义，与大众媒介传播的信息和导向不无关系。因此，除了政府政策性的主导，大众媒介还应发挥舆论导向优势，促进对非物质文化遗产生产性保护工作的引导，在鼓励发展地方民族文化产业的同时，对文化资源与文化成品进行客观的传播，让消费者正确地了解和接受民族非遗文化。

第五章　现代传媒语境与四川藏羌彝非遗传承

四川藏羌彝非遗的保护传承与传播，离不开现代传媒语境提供的舆论空间。而创造现代传媒语境的大众传播在很大程度上影响人们的眼界和见解。大众传媒肩负着民族文化传播的使命，具有广泛强大的宣导作用，可以提高少数民族非物质文化遗产的知名度，引导人们从了解文化符号表象到认知民族文化精神内涵和民族的现实生存境况，让非遗顺应时代的需要而发展，这正是大众传媒传播非遗的现实意义所在。在我国"一带一路"倡议目标不断推进、藏羌彝文化产业走廊加快建设步伐以及传媒技术迅猛发展的新形势下，大众传媒与四川藏羌彝非遗的对接面临着新的任务与要求。如何发挥和体现大众传媒的社会文化功能以及文化传播效果，怎样抓住大众传媒与非遗对接的有利契机，充分利用现代传媒的优势促进四川藏羌彝非遗的传承与传播，是传媒界当前应当注重思考的问题。

第一节　大众传播与四川藏羌彝非遗传承

　　文化传承功能是大众媒介社会化功能的重要组成部分，传播弘扬非遗文化也是大众传播义不容辞的社会责任。大众传媒应发挥舆论监测和营造社会环境的作用，对国家关于少数民族非遗的政策举措和少数民族非遗相关的动态信息进行及时正确的报道，加强舆论宣导的力度，营造非遗传播的社会舆论环境，从而引导社会公众的积极参与。利用全媒体时代的大众传播优势，将少数民族非遗科学有效地推介给大众社会，既吸引受众、调动其参与互动的积极性，同时又提高大众的民族文化知识素养与审美品位。

一、大众传播的文化遗产传承功能

　　现实社会的人们置身于各式媒介中，被信息的洪流淹没着，全媒体、自媒体的普适性也让人们从被动的接收者转变为主动的传播者，人们的信息参与权与主动权愈发明显，信息的传播者与接收者的界限变得模糊。人们生活在大众传媒营建的信息环境中，同时人们的信息行为也在影响和建构着信息环境。传播主体应充分地认识和体现自身的功能，才能与受众形成协调互促的良性关系。

　　中外传播理论研究与实践历来都重视大众传媒的传播功能。H. 拉斯韦尔将传播的基本社会功能概括为环境监测、社会联系与协调、社会遗产传承等三种主要功能。其中社会遗产传承功能，是指人类社会的发展是在继承和创新基础上，将前人的智慧、成就、经验、教训加以收集积累、保存并传给后人，让后人在继承中进一步完善、发展和创造，传播是保证社会遗产代代相传的重要机制。①拉扎斯菲尔德与默顿也充分肯定了大众传播影响社会的宣导功能，指出媒介传播对于扩大事物影响面和提高事物社会影响力的重要意义。他们认为客观环境事物一旦得到大众媒介的关注与传播，就会成为大众关注的对象，从而提高事物的知名度和影响力。大众传播在实现其社会化功能的过程中，建构着信息环境和舆论环境。不同的环境反映着媒介与受众的关系以及不同的传播效果。李普曼认为，在大众传播极为发达的现代社会，人们的行为和三种意义上的现实有着紧密关系：一是实际存在着的不以人的意志为转移的客观现实；二是经过传播媒介有选择地加工后提示的象征性现实；三是存在于人们意识中的关于外部世界的图像想象即主观现实。②在他看来，在大众媒介与受众的主观与客观矛盾认识的相互影响下，人和环境之间存在着虚拟环境。为使受众真实地认识环境，格伯纳提出了"涵化理论"（又称"培养理论""教养理论"），他认为每个人的信念、价值观、审美观都不尽相同，具有多种心理诉求，但通过大众媒介长期不断地影响（涵化）而变得与媒介所宣导的主流观点相似，肯定了媒介具有形成社会共鸣和意见主流化的功效。大众传媒通过对象征性符号的编码和解码，建构着社会文化传播环境，实现传

---

① H. Lasswell, The structure and Function of Comunication in Society, in Lyman Bryson, The Communication of Ideas, New York, Cooper Square, 1964, p. 38.

② ［美］沃尔特·李普曼：《公众舆论》，阎克文、江红译，上海：上海世纪出版集团，2006年版，第11页。

播者与接收者共享信息和交流沟通，对人们的认知观念起着重要的导向性作用。

进入 21 世纪以来，我国越来越重视非物质文化遗产的保护与传承，出台了系列相关政策措施，并已取得了较好的成效。但因长期保守封闭而形成的传统偏见以及后现代社会价值观的影响，要让大众对非物质文化遗产的价值和文化地位有正确的认知和认同，并参与保护传承非遗的工作，还需要一个较长的过程。四川藏羌彝文化产业走廊所在的少数民族地区大多地处偏远，经济不够发达，教育相对落后，加上语言、交通障碍，当地民众与外界的交往很少。由于这些原因，一些民族非遗还未得到发掘与申报，对外界社会来说还是陌生的，即便是现已被国家、省、市州或县各级政府列为非遗项目的，也有许多不为大众所知。这对于飞速发展的传媒形势不得不说是一个值得思考的问题。

为了适应形势的发展，大众传媒在营建少数民族非物质文化遗产保护与传承的环境方面，应结合四川藏羌彝民族非遗的实际进展情况，因地制宜采取有力措施，从以下几方面展开工作：一是通过非遗的媒介议题设置，不断传播和阐释国家对少数民族非物质文化遗产的相关政策与措施，体现国家和社会对少数民族文化的重视，有利于增强民族文化自信和国家认同；二是通过非遗资源的系列传播，让人们了解少数民族文化的内容与形式，以及在中华文化中的重要作用和历史地位，增强民族文化的认知认同，促进民族团结；三是结合我国供给侧结构性改革和"一带一路"形势发展的需要，引导非遗生产性保护工作的开展，带动非遗产业发展，促进非遗的活态传承；四是及时反映非遗保护传承实践中取得的成效和经验，促进民族地区非遗保护工作的交流与发展。同时发挥舆论监督作用，敢于报道存在的问题，并善于对问题进行客观分析，积极提出改进建议。做好以上工作，不仅能充分发挥大众传媒的文化遗产传播功能，为非遗的传承做出贡献，还能将非遗资源作为传媒文化产业的重要资源，丰富传媒文化产品，相互推动，共同发展。

二、大众传播与非遗对接的现实性

在我国加快实现"一带一路"建设目标的进程中，提高国家文化软实力被提上重要议程；四川藏羌彝文化产业走廊的建设也在加快发展步伐，这为大众传播与非遗对接创造了最为有利的现实条件。大众传媒作为社会文化的传播者与传承者，在引导社会各行业、推动文化生产力发展、宣传振兴文化事业和文化产业的同时，其自身也是文化产业的重要组成部分，在文化传播品牌建构、打造重点文化栏目等方面起着举足轻重的作用。传媒既是文明的传承者，也是文明社会的产物。大众传媒对少数民族非物质文化遗产的传承，不仅能体现传媒的文化品鉴力，把握文化发展的方向及增强文化传播的生命力，在与非遗的结合上也反映了传媒审美与价值取向，创造着传媒的表现内容和方式，体现出自身的价值。

目前，大众传播与四川藏羌彝非遗对接的主要途径包括中央媒体和地方媒体。中央媒体以其地位的权威性和传播的广泛性，迅速广泛地扩大了非遗的影响；地方媒体的优势在于能近距离地接触少数民族非遗，在发现资源和跟踪、深度报道传播方面具有优势。另外，新兴网络媒体、自媒体利用自身普适、便捷、扩散的条件，对保护非遗进行链接式传播，也产生了显著的扩散性效果。传统非物质文化遗产的传播主要包括两种途径，一种是动态的面对面传播，一种是静态展示传播。静态传播形式单一，且因各种客观原因的限制，不能更广泛地开展与传承，传播面和影响力有限。现代媒介则给非遗的传播拓展了广阔的平台，增加了许多便捷有效的途径，呈现出新的特点：一是由口耳相传、面对面传播、场景传播的小众化传播走向依托大众媒介的大众化传播；二是由政府主导式单向传播走向大众参与的双向、多方、交互性、参与式传播；三是由原真性传播走向社会化、市场化传播。各种新媒体与四川藏羌彝非遗的对接，使不少非遗项目逐渐为大众所了解。

从 2006 年第一批国家级非物质文化遗产保护名目公布至今，中央和地方媒体有不少专题栏目或节目涉及四川藏羌彝非遗。如央视记录频道《中国非物质文化遗产》《传承之路》《中国口头与非物质文化遗产》《手艺》《留住手艺》《走遍中国》《新青年老手艺》《美丽中国》《中国记忆》《记住乡愁》《乡土》等纪录片的非遗纪实；央视综艺频道的《星光大道》《中国民歌大会》节目里的民族非遗歌舞；央视戏曲频道的《羌魂》《格萨尔王》等非遗舞台剧。这些栏目或节目都或多或少展示了四川藏羌彝非遗内容。除此之外，央视播出的《格萨尔王》《索玛花开》《彝海结盟》等电视剧也包含了四川藏羌彝非遗元素。四川省及地方媒体，如四川电视台、网络广播电视、康巴卫视等都有关于非遗的节目。近年来，四川电视台挑选了多个四川省内具有代表性的国家级、省级非遗项目拍摄了系列专题片《非遗传承》，甘孜州电视台拍摄了系列纪录片《走进甘孜》，阿坝电视台拍摄了系列纪录片《口述历史》，凉山电视台拍摄了系列纪录片《五彩凉山》，等等，这些都反映了各民族当地的非遗代表项目。除了中央和四川的广电媒体对四川藏羌彝非遗的传播，《民族日报》《中国文化报》以及四川藏羌彝三州的地方日报和官方网站都对非遗做了相关传播。从传播的内容和形式来看，都取得了较好的效果，但从参与的媒介渠道来看，新媒体的介入还不多，没有将新媒体及时性、参与式、互动性、直播式等传播特点充分利用起来，没有体现出新媒体在非遗传播中的突出优势。关于如何将新媒体与四川藏羌彝非遗传播进行有效对接，笔者将在本章第三节阐释。

　　值得注意的是，大众传播与四川藏羌彝非遗的对接中应该注重发挥媒介公信力。非物质文化遗产的保护与传承是一项公众文化事业，大众传媒尤其是主流媒体介入非遗的传播是媒体公共文化事业的重要部分，也是社会公益传播的一部分，应该用自身的公信力与影响力促进非遗传播，获取良好的社会效果。传播学家斯坦利·巴兰和丹尼斯·戴维斯认为，说服效果与信源可信度密切相关，信源可信度又包括"可信性"和"专业性"，高可信度的传播者能导致更多的态度改变，低可信度传播者较少导致态度改变。① 信源可信度愈高传播效果愈好，反之即差。一般来说，主流媒体拥有高素质的媒体从业人员、技术含量高的媒体资源与广阔的媒体传播平台，积累了丰富的媒体专业经验并取得显著的传播业绩，因此拥有很高的公信力和影响力。利用主流媒体的这些优势，便能在非遗传播的对接中提高传播效力。

　　四川藏羌彝非遗的传播应该将传统主流媒体与新媒体传播优势都利用起来，形成优势互补、相互配合、共同推进的传播局面。在传播中借助多种形式，如综艺节目、舞台艺术表演、纪录片、文化专栏、深度报道、文化交流等来促进非遗的传播。目前

---

① ［美］斯坦利·巴兰，丹尼斯·戴维斯著，《大众传播理论：基础、争鸣与未来（第5版）》，曹书乐译，北京：清华大学出版社，2014年版，第154页。

藏羌彝非遗专业网站"中国藏族网""中国羌族网""彝族网络博物馆"等都开设出了比较丰富的栏目，展示民族非遗文化内容，形式也较为生动活泼。川内民族地区的各级政府官网都设有非遗专栏，展示的内容大多为非遗中比较典型的项目和文化活动，带有比较强的政策性和地域性。在主流媒体与政府、民间网站的共同努力下，四川藏羌彝非遗得到了广泛报道，为促进藏羌彝文化产业走廊的建设营造了有利的舆论环境和文化氛围。在新的形势下，大众传媒还应针对与民族非遗对接中存在的问题进行调查研究，采取新的措施，为非遗的传播做出更多的努力。

第二节　影视与四川藏羌彝非遗传播

在大众传播的各种途径与形式中，影视是一种传播范围广、效果直观生动、人们喜闻乐见的重要形式，有特殊的传播功效。作为国家主流媒体的央视及地方电视台是播放影视作品的主渠道，影视能产生的社会影响不言而喻。利用影视作品对民族非遗进行保护传承与传播，无疑是值得特别重视的。新中国成立至今，影视对四川少数民族非遗的保护传承与传播起到了良好的作用，但因为这方面的实践历史不长，且有多种原因限制，还远未达到应有的效果。目前少数民族非遗影视传播存在的问题，在国家级、省级、少数民族自治州三级电视媒体中具有普遍性。本节就影视作品对四川藏羌彝非遗的宣传与保护现状及发展趋势进行总结分析，不仅具有大众传播的学理研究意义，更重要的是呈现影视传播对少数民族非遗保护传承的实践价值。

一、非遗保护传承中的影视参与

改革开放以前，尽管地方政府对四川少数民族非遗文化的重视程度还不高，其保护条件还十分落后，但已有作家将少数民族非遗文化中的有关内容搬上了银幕。如反映凉山彝乡建设的电影《达吉和她的父亲》里，就包含了彝族民族历史文化及其民风民俗的内容。这部影片在四川乃至全国都产生了很大的影响。改革开放后，涉及少数民族非遗题材的电视专题节目也开始制作播放，至今已取得较多成果，如《格萨尔王》《茶马古道》《索玛花开》《毕摩记》《天菩萨》《支格阿鲁》等。这些影视作品对少数民族非遗传播发挥了重要作用，引起学界的关注。徐长爱等撰文认为少数民族题材电视剧参与少数民族非遗保护和传承，与少数民族非遗保护目标和精神相契合，是一项值得研究的课题，需要正确认识少数民族题材电视剧创作对少数民族非遗的积极和消极的影响并据此提出如何让少数民族题材电视剧更好地参与少数民族非遗的保护传承工作。① 从 20 世纪 90 年代至今，全国已先后拍摄了《格萨尔王》《云上的人家》《迁徙》《蝴蝶今夜降临》等反映少数民族题材的影视作品，四川也拍摄出《尘埃落定》《天籁羌音》《康定情歌》《半幅唐卡》《索玛花开》《口述历史》等作品，另外还有不少电视专题节目介绍了四川藏羌彝等少数民族非遗内容。这些影视节目的形式主要表现为纪录片、电视剧和电影等。以表现题材和表现方式来看，反映非遗的影视节目属于两大

---

① 徐长爱、黄迎新：《浅析少数民族题材电视剧参与少数民族非物质文化遗产保护和传承的形式和影响》，《少数民族地区信息传播与社会发展论丛》，2013 年。

类形式，一类为纪实型，另一类为虚构型。

纪实类主要有各种纪录片以及各种写实的专题节目，如《口述历史》《神性的天空》《五彩藏区》等，这些都是在实地拍摄的真实人物、场景和展示的有关文献资料。节目运用非虚构的手段，将原生态的少数民族非遗直接呈现给观众，真实地反映不同少数民族的文化，包括房屋建筑、饮食服饰、生活习惯、民俗风情以及节庆仪式等，让广大受众了解和认知少数民族非遗的本来面目和文化意义。这类纪实型影片对少数民族非遗的保护与传承有着史料文献性的重要价值。

虚构类主要有电影故事片和电视连续剧，如《尘埃落定》《格萨尔王》《红色土司》《康定情歌》《索玛花开》《彝海结盟》《英雄》《杀生》《柠檬》《天上的菊美》等，都是以原生态的少数民族文化或少数民族非遗的真人真事为原型，经过虚构、典型化等艺术加工方式制作的作品。这类作品以讲述人物的经历和命运为主，将非遗的具体内容作为道具、环境或情节使用，如《尘埃落定》里土司居住的官寨碉楼并非作为藏族非遗来表现的，而仅仅是用于表现土司生存环境和地位；《索玛花开》里的彝族年、火把节也并非专门宣传彝族的非遗文化，而是故事发展所需要的情节；首部羌族母语微电影《天籁羌音》里面的羌绣、羌笛等也是作为道具出现的。但这些影视作品将少数民族文化遗产内容创造性、艺术性地作为影视作品中的元素，用影视语言描述少数民族非遗的地域性、独特性和多样性，更加生动灵活地表现了少数民族非物质文化遗产的价值与特色。羌族题材电影《古堡之吻》以四川阿坝州理县桃坪羌寨的羌人居住的碉楼群落为主场景，通过美国青年杰克与羌族姑娘媛妮的爱情故事，展现了羌寨独特的民俗和秀丽的风光。这部影片在美国第三届纽约国际电影节获得最佳导演、最佳女配角和最佳服装三项大奖。《古堡之吻》能赢得如此殊誉，除了因为感人的故事情节，还因为片中羌族非遗文化的特殊魅力。

二、影视对非遗保护传承的重要作用与影响

在少数民族非遗传播中，无论是纪实型的影片和节目，还是虚构型的影视文艺作品，都会对非遗的保护和传承起到直接或间接的传播作用和广泛的影响。

首先，我们应看到影视介入四川少数民族非遗保护、传承和传播的积极作用与影响。四川少数民族非遗和全国非遗的生存状态一样，在世的非遗传承人已经稀少且年纪偏老，青少年生活价值观念和审美观念与前辈不同，少有人愿意继承前辈非遗技艺，许多非遗也随着时间的推移而受到损坏，有的甚至濒临消失，保护和传承非遗面临种种困境，报纸杂志虽然也可用文字图片记录非遗，但其效果毕竟有限，而纪实性影片因其纪实性、直观性、生动性和多角度等优势，极有利于少数民族非物质文化遗产的记录和保存，为传承提供真实可靠的第一手资料。这些资料能让人们留住民族生存的真实记忆，获得民族文化认同，增进民族凝聚力，让民族文化展现各自的特色和贡献，在交流中取长补短，共同促进人类文明的发展。

影视的形式对少数民族非物质文化遗产的保护和传承作用是间接的，但也是广泛的、潜移默化的。影视所表现的少数民族历史文化及人物故事题材，因艺术加工，在传播上更具形象性、趣味性、通俗性等艺术性特点，能让人们从审美的角度对少数民族非物质文化遗产产生浓厚的兴趣，进而有更多更深的了解和认

知，为保护传承和利用少数民族非遗营造更好的社会氛围和时代条件。从繁荣影视创作和市场发展而言，少数民族非物质文化遗产是影视创作的重要源泉，能明显丰富影视作品的民族文化内涵，提升其文化价值。将影视传媒与少数民族非物质文化遗产的保护传承相结合，既能推进非遗保护传承工作，又能丰富和发展少数民族非遗相关影视作品，将少数民族优秀的民族文化转化为文化产业，坚持文化生态性保护和推进可持续发展，对提高国家文化软实力、保护传承少数民族非遗和维护人类文化多样性来说意义重大。央视播出的以四川凉山彝族现实生活为题材的《索玛花开》《金色索玛花》等剧，正是因为剧情中展现了彝族的传统服饰、精美漆器、彝族年风俗、火把节仪式等非遗内容，才充分体现了影片的民族文化特色和现实意义。首部羌族母语微电影《天籁羌音》也是通过记录羌族文化的历史文献、拍摄羌笛实物和传承人纪录片等方式，根据羌人现实生活的追求和愿景而创作的文艺作品。这部影片通过羌族少女依娜的成长经历，表现出羌寨与城市、传统文化与现代文明的冲突。依娜在学习中继承传播着羌族文化，将古老的羌音与现实、理想融合为美的生活画面，展现了现代羌人美好的心灵。这部影片让许多观众形象地了解了人们熟悉而陌生的羌笛，进而更多地了解了现代羌人的生活与追求，因而获得广泛好评并入围第 23 届金鸡百花电影节微电影竞赛奖。

前述这些作品或系列或单项地记录了四川藏羌彝各民族的典型非遗项目。另外，中央级、省级与地方电视台、网络电视还制作综艺节目，播送了各民族非遗中的传统音乐、舞蹈与戏剧，使越来越多的受众了解和喜爱这些民族的非遗文化。

影视作品因其雅俗皆宜、受众喜闻乐见的特点，较其他大众传媒更具有寓教于乐的社会功能。2015年在阿坝州拍摄完成的63集纪录片《口述历史》中有大量的阿坝藏羌民族典型非遗项目的专题介绍。据阿坝州政府网报道，口述历史纪录片在强化历史亲历者口述的同时，运用许多鲜活的镜头画面和正史文本资料，通过采访民族文化研究学者、地方文化学者、作家，少数民族民俗博物馆馆长等以口述带史，以史说理。试播的口述历史纪录片，既是文献纪实片，又是主题教育片；通过融思想性、教育性、艺术性和观赏性于一体。寓教于乐、发人深省。群众通过口述历史纪录片真正了解家乡的同时，也达到了口述历史"存史、资政、育人"的作用。系列口述历史纪录片在阿坝州反响强烈。① 甘孜州在保护和开发藏族唐卡方面，坚决维护唐卡的传统文化特色和艺术价值。甘孜州设有较大的唐卡基地，面对唐卡市场的火爆及随之而来的混乱，对唐卡艺术生存发展的思考也成为社会关注的热点。甘孜州政府有关部门和院校联合出品的微电影《半幅唐卡》用影视传播的方式诠释了唐卡的宗教文化内涵、艺术特色和历史演变经历。该片讲述了一位唐卡艺术大师年轻时跟随师父学习唐卡绘画技艺，因内心困惑矛盾而离开师父寻找唐卡艺术真谛的故事。影片告诉人们：耐心虔诚地画好每一幅唐卡是唐卡艺术家的必备品质。该短片获得2016年首届四川大爱微电影节"爱之链奖"。在2016年的"金熊猫"国际纪录片节，媒体报道了四川有关文化团体预计近年拍摄10集《藏羌彝走廊》，重点展现四川藏羌彝少数民族非遗文化。该项目将为四川藏羌彝文化产业走廊的建设增添一份重要成果，对四川藏羌彝非遗文化的宣传起到更广泛的宣传作用。

---

① 阿坝州政府信息公开工作办公室，中国阿坝州门户网站，2013年1月5日。

　　少数民族非遗文化多样性及内涵丰富性使其成为当下火热的电视综艺娱乐栏目的重要资源，主要呈现形式包括表演、游戏、知识竞赛、脱口秀、竞技等，如四川电视台的《生活大咖秀》中就介绍了四川本土的许多非遗项目，在坚持保护传承民族文化，维护民族文化原真性的前提下，推动栏目模式的创意创新，以符合市场和时代特色的文化元素和传播方式进行节目策划制作。在少数民族文艺会演中，非遗元素也是节目的亮点，如央视《中国民歌大会》《西部民歌大赛》《春晚》中的民族特色节目、少数民族地区活动晚会等。这一类节目充分展现了多民族国家丰富灿烂的文化，增强各民族文化自信，促进民族认同和国家认同。

　　有学者认为，我国少数民族文化也是一座"非遗"宝库，这次少数民族文艺会演中，不少参演剧目都吸纳了"非遗"元素。通过大众传媒对这些活动的仪式传播能够营造出逼真的动态效果，仿佛将观众置于原生态的少数民族文化环境中，欣赏民族乐器、感受民族歌舞之美。现代舞台视觉数字多维技术运用相当普遍，呈现古老与现代的交相呼应。电视综艺节目集音乐舞蹈戏曲小品杂艺等多种艺术形式于一体，运用视听语言，将现场演出用电视化手段与传播的时效性和新闻的纪实性、文学艺术的表现性融为一体，具有娱乐、趣味、知识、宣传、审美相结合的特点。少数民族非物质文化遗产资源在电视综艺娱乐栏目策划中的合理运用，为综艺娱乐节目提供鲜活、丰富多彩的策划要点，综艺娱乐栏目创新的现实需求，构建良好媒介文化生态的需要。将少数民族非物质文化遗产合理运用于电视综艺娱乐栏目策划，不但是综艺娱乐栏目树立特色、走内涵式、可持续发展道路的需要，也是发挥大众传媒文化传承功能，推进少数民族非物质文化遗产保护与传播的需要。①

其次，我们也应看到影视介入少数民族非遗文化传播产生的消极作用与影响。我国当下的一些纪录片制作和影视作品的拍摄，对国家的文化方针政策有所偏离，片面追求票房与收视率，同时部分媒体人员急功近利的观念还导致少数民族非遗传播存在一些片面观念或认识误区。我们不难看到纪录片中有不符合非遗生存环境和文化内涵的编造成分，在传播中造成了一定的负面影响。个别地方政府或有关商业团体为了开发旅游资源以图获得经济效益，随意更改甚至伪造非遗建筑，如藏族羌族重建的碉楼和新建的形象工程民居在一些纪录片里也时有出现，一些地方的节日仪式从场地、服装到动作都有与传统非遗明显不符的特征，也被当作纪录片的内容。这样的内容失去了非遗的原真性，违背媒介的社会文化传承责任，甚至为了追求经济利益而损害文化效益，对非遗的保护传承是有害无益的。在影视文艺作品中，由于剧情和审美的需要，编剧和导演往往对非遗的内容会做一些主观的、夸张的处理，尽管能让人们感受到这些非遗的文化形态和大体特征，但并非都是对其原生态的呈现，而容易让人们留下表象或片面的印象，这也是不利于少数民族非遗的保护和传承的。总之，对少数民族非物质文化遗产的误用滥用现象，会误导受众对少数民族非遗的认知。

面对影视对非遗传播的介入，我们要充分发挥影视积极的传播作用和正面影响，同时也要避免其违背非遗保护传承初衷，背离民族文化价值观的负面作用和影响。欧阳宏生认为，精品电视

① 潘怿晗：《少数民族非物质文化遗产资源在电视综艺娱乐栏目策划中的合理运用》，《广西师范学院学报（哲学社会科学版）》，2014年9月。

应该给人以美的陶冶、思维的启迪，让人在愉悦中受到教育。特色浓郁的评析观点强调的是突出民族特色和地方特色，展示中华传统文化的精华。[①] 要正确处理主流文化与少数民族非物质文化遗产的关系。跨文化交流要秉持相互尊重的原则，应推进以宣传少数民族非物质文化遗产为宗旨的影视节目常态化。当前，涉及少数民族非物质文化遗产的电影电视作品越来越多，电视专栏节目也更频繁地以少数民族的各种文化活动、节庆仪式、演出赛事等形式丰富传播内容，创新栏目节目模式，体现大众传媒的个性，调动观众参与度，也为民族地区各级电视媒体挖掘民族文化资源用于特色节目策划制作提供了参考借鉴。在当前推进文化繁荣发展的历史时期，我国的影视节目制作有了更广阔的平台，更应该为民族文化的传播创作大众喜欢的作品。应当鼓励电视节目在风格、题材、形态、理念等方面的多样化，以更好适应社会各种不同层次观众的需要。[②] 各电视台尤其是民族地区的各级电视媒体有必要在节目策划、制作过程中，从丰富的少数民族非物质文化遗产资源宝库中获得创意来源，不断在栏目的思想深度、审美品位与价值导向等维度做出努力与探索。

---

① 欧阳宏生：《电视批评论》，北京：中国广播电视出版社，2000 年版，第 442 页。

② 欧阳宏生：《电视批评论》，北京：中国广播电视出版社，2000 年版，第 433 页。

第三节　新技术传播理念与四川藏羌彝非遗

新媒介技术为人类文化的传播带来了新途径和新方式，极大地提升了传播品质和效果，让广大受众更加喜闻乐见。我们正面临新技术主导的新媒介时代，四川藏羌彝传播在与新媒体的对接中，要在时代的信息高速公路上快速前进，有力地推动四川藏羌彝文化产业走廊的建设，不仅需要我们对传播新技术有足够的认识，更重要的是要在理论结合实践的探索中因势利导、因地制宜地拓展本土化的传播领域，以取得更显著的成效。

一、新技术主导的新媒介时代

从 20 世纪 90 年代初以来，"多媒体"这项现代传播技术得以迅速发展，实现了普遍性的影响。多媒体用数字压缩和网络技术将广播、电视、电话、传真、电子出版、计算机通信等各种信息媒介融为一体，用声音、影像、文字、数据等进行一元化高速处理并给用户提供双向信息系统。随着科技的进步，互联网络和媒介技术也更加成熟完善。人类卫星技术的发达，实现了通信遍布城乡以及跨国传播的功能，实现了世界各地即时性传播，让麦克卢汉的"地球村"预言成为现实。

人类步入 21 世纪以来，得益于现代科技的发展，大数据、云计算、"互联网＋"等新技术和新的思维模式逐渐运用于人们的生产生活，并带来了诸多便利。近年来，我国通信卫星事业也取得了可喜成就，达到了世界领先水平，这将进一步提高信息网络技术水平。2017 年 4 月 12 日在我国西昌卫星发射中心发射的"中星 16 号"卫星，便是我国首颗高通量通信卫星：

> 依托高通量通信卫星技术，未来将会构建卫星宽带通信网络，到时候无论身处万米高空的飞机、急速飞驰的高铁还是茫茫大海的轮船上，以及在没有人烟的荒漠、深山、海岛，都可以高速浏览网络，视频通话。通信总容量超过 20G，真正意义上实现了自主通信卫星的宽带应用。这些超级卫星的发送，使得网络信号在更广泛的角落得以增强，让各地高速上网成为现实。这些年，我国通信卫星接连发射成功并投入使用，涵盖了广播电视直播、高通量宽带卫星、移动通信卫星、数据中继卫星等目前通信卫星发展的前沿技术和应用。①

这样的新技术正在武装着我国目前的新媒体。

新媒体是相对于传统媒体而言的概念，是与现代科技相结合而产生的具有突出时代特征的媒体形式，包括数字电视、自媒体、网络媒体等。利用新媒体传播非物质文化遗产明显具有很大优势，主要在于海量信息、交互传播、客观真实、超文本超链接、现实感娱乐性强等。新媒体可以对非物质文化遗产进行直接、客观的展示，尤其是网络视频、网络直播可以将非物质文化遗产的形式与制作过程进行更加客观形象的展示。受众凭借互联网络的超链接超文本性，可以在观赏非遗的同时，查阅更多与非遗相关的信息，增加更多更深入的认识，也可以灵活自主地选择自己感兴趣的非遗信息，甚至传播分享自己了解到的非遗信息。

---

① 《人民日报》官方微信，2017 年 9 月 8 日。

多种多样的新媒体传播方式与途径，诸如移动电视、智能手机、数字电影、平板电脑等有机交融地进行信息的传播，使得人们更加便捷高效地了解更多的信息。新媒体传播的影响范围更广，实现了与受众的即时互动；新媒体还能让信息以更加有趣、受众更加喜闻乐见的形式呈现，便于受众对信息的接受和学习。当前，我国关于文化基因传承、文化资源数字化问题的讨论，都反映了现代科学技术对文化保护与传承的重要作用。

文化资源数字化是上世纪末以来欧美国家提出的、应对全球性数字技术和传媒汇流发展挑战的国家战略性基础设施工程。目前，这一文化基础设施建设在技术上已经进入到"素材化""大数据化"以及"智能应用"的阶段，形成了以"文化基因"为核心理念的技术系统。文化基因承载着灿烂文明，延续着历史文脉，维系着民族精神。通过采集并搭建文化素材库，以文化基因提取、挖掘与智能分析来绘制文化基因图谱，打造更多富含中国优秀传统文化基因的数字内容产品，为中华优秀传统文化的创造性转化和创新性发展提供系统、全面的技术支撑，使千千万万的普通大众参与到中华文化伟大复兴的事业中来。①

传统媒体的信息消费习惯在青年群体中已不多见，现代人更倾向于接受那些视音频的、简短有趣的、个性化的、方便快餐式的、可以进行参与式传播互动的符号信息。非遗传播应该借助新媒体、自媒体实现的多渠道、多形式、精准化的传播，针对受众进行分众化、个性化甚至私人定制式的信息推送，这样可以产生更加广泛的影响并收获良好的效果。比如近年来，在四川由地方

---

① 张晓明：《文化产业的新形势新思路新战略》，人民论坛网，2017年11月16日。

政府组织的彝族国际火把节、羌族瓦尔俄足节、藏历新年等民俗仪式活动，不仅在传统媒介平台上传播，还通过各种新媒介渠道进行更及时更广泛的传播，大大拓展了这些民俗仪式庆典的传播范围与影响面。尤其是当下以虚拟现实（VR）、增强现实（AR）等为代表的新技术的出现与运用，改变了文化艺术的传统呈现方式，数字化文化遗产成为历史文化复现的新形式，把人们带进了清晰可感、高度还原的原生态非遗生存环境之中。

从梅洛维茨的媒介情景论理论切入非遗的新媒体新技术传播，亦可为我们的思考提供一些启迪。梅洛维茨认为，媒介技术的进步影响了整个社会历史文化的变迁；新媒介的出现，并非完全取代旧媒介，但可以改变原来媒介的功能和效果。因此他提出可以运用"情景论"的视角，来考察传播媒介、情景与行为之间的关系，通过这种考察来审视新传媒的崛起和造成的社会传播新形式的效果。[①] 新媒体的传播是在承袭传统媒体的传播基础上革新而来的，拥有新的特点和传播优势。新媒体技术营建了媒介与受众有机交融的传播环境，丰富了传统媒体的传播形式，强化了传统媒体的传播效能和效果。目前看来，采用新媒体进行非遗传播无疑是最佳的传播途径，尤其是在大数据时代背景下，将大数据运用于非遗保护传承与传播的优势体现在诸多方面，包括提高文化资源的挖掘能力，提升对非遗价值评判分析的精确水平，革新文化传播的叙事手段，等等。可以说，大数据时代的文化传播形成了一个新的"场域"，法国思想家布尔迪厄将"场域"定义为不同位置间客观关系的网络或形构，强调从场域的角度思考就

---

① 转引自张咏华：《媒介分析：传播技术神话的解读》，上海：复旦大学出版社，2002年版，第122页。

是从关系的角度思考，以不同个体间的互动关系来定义场域的界限。① 大数据背景下新的文化场域的传播内容生产，更符合和满足受众需求的传播效果。通过大数据技术的筛选、统计与编辑制作的传播信息，能带给受众更加生动形象、丰富全面、清晰准确的信息。通过对数据的搜集分析可以增强受众对信息背景的理解，对数据的挖掘与分析可以发掘更多的民族非遗项目，以利于对非遗价值做出更加准确的判断，以更加丰富多样的形式进行信息的包装与推送，从而带给受众全新的信息体验。

在新媒体时代，大众传播媒介在传播理念、模式、内容、渠道等方面都走上了转型升级之路。例如 2017 年推出的"跨境云"中央厨房平台就是大数据时代典型的传播平台建设案例。"跨境云"平台旨在建设"PC 网站＋手机网站＋手机客户端＋智能电视＋数字广播＋微博＋微信的全媒体产品矩阵，这是一个拥有一个系统，多个平台，多种形态，多类产品的平台，是一个结合大数据、云计算等融媒体技术，通过整合、疏通、改造、扩充现有的采编、发布、管理、运营渠道，丰富产品研发、制作及传播手法，打造融合平面媒体、新媒体产品、数据库、文化产品及服务、海外推广基地于一体的外向型融媒体集成平台"②。这样的平台如用于推动藏羌彝文化产业走廊的建设，将发挥不可限量的巨大作用。融媒体集成平台对互联网技术条件下的传统媒体和新兴媒体的融合发展具有十分重要的作用，通过融媒体搭建媒介资源整合共享的高效平台，可构建全媒体化的综合传播业务流程，

① ［法］皮埃尔·布迪厄、［美］华康德：《实践与反思：反思社会学导引》，李猛、李康译，北京：中央编译出版社，1998 年版，第 134－135 页。
② 《"跨境云"中央厨房上线，开启全媒体深度融合》，中国新闻网，2017 年 7 月 28 日。

在跨境媒体、跨行业的媒体素材汇集中进行应用开发与综合性传播。

目前，关于非物质文化遗产的新媒体传播在我国西部还相对较少，仅仅是各民族地区政府网站的非遗专栏以及零星的非遗专业网站。受众通过这些渠道了解非遗的相关动态。这些网站除了传播动态信息，也会介绍一些非遗历史的现实价值、活态传承情况以及相关学术研究情况等。当前微博、微信、抖音、快手等的运用也是传播非遗的有效途径，这些社交媒体传播方式，体现了开放性、及时性、便捷性、互动性等特点，与现代人生活密切相关，可以说已成为现代人赖以生存的重要交流工具。这些伴随性的媒介传播方式进行非物质文化遗产信息传播，可以让人们随时随地了解非遗，各种形象生动的图片、视音频更是带给受众耳目一新的感觉，增强人们对非遗的兴趣，调动大众参与的热情，实现社会各界力量的整合。这些交互传播的功能与效应积极拓宽了非遗的传播和影响范围，利用新媒体的强大功能和社会影响力，为非遗传播搭建了广泛的传播平台。非遗作为人类无形文化财产，属于人类技艺展示过程的保护与传承，相比有形文化遗产，作为人类历史文化过程的再现，它的特征表现为动态性与过程流变性。传统的保护与传承依赖口耳相承，而新数字技术可实现非遗动态过程复现以及配合相关文字图片深入介绍阐释等，总之，互联网新媒体技术带来的多形式多链接传播，可以让非遗走进大众视野，在全媒体时代凭借各式媒介向大众推送丰富的非遗知识，建构一个个如梅洛维茨所言的媒介情境；同时，大众可以在公共媒介平台分享非遗相关信息。在这些媒介情景中，数字技术提供了可以视听甚至触摸体验的感受过程，让大众凭借媒介渠道参与其中，体验复活民族非遗的历史情景，消解公众对非遗神秘性的传统印象。多媒体技术营建的感官体验空间，可以形成种种参与互动的信息传播模式，增强受众的沉浸感，可以说数字媒体构建了全新的人类文化传承的话语体系。鲍德里亚曾指出，在此，媒介仅仅被想象为一种纯粹的信息。它们的形式从来没有被质疑。①

近年来，我国非遗创新了宣传展示方式。在非物质文化遗产的传播中，除了传统的节日仪式活动报道、非遗制作过程展示、文化成品展览，新媒体还充分发挥传播效力，借助互联网技术和平台，广泛汇聚非遗资源，实现资源共享，并取得良好的传播效果。在非遗的展览展示中，人们积极采用融媒体技术，生动逼真地展示和还原非遗过程，更加易于受众接受。我国非物质文化遗产保护传承呈现的新特征包括五个方面：一是明确提出"工匠精神"，体现了保护传承非遗在理念上的革新进步。二是着重强调"文化自信"，体现了对中华民族传统文化的自信与自觉意识。三是强调对传统文化进行"创造性转变与创新性发展"的理念。四是系统提出以"见人见物见生活"，即"三见"为主的非遗保护理念。五是非遗传播全民化，面向全民记录、全民创造、全民共享发展。《关于促进文化和科技深度融合的指导意见》的通知（国科发高〔2019〕280号）指出：以数字化、网络化、智能化为技术基点，重点突破新闻出版、广播影视、文化艺术、创意设计、文物保护利用、非物质文化遗产传承发展、文化旅游等领域系统集成应用技术，开发内容可视化呈现、互动化传播、沉浸化体验技术应用系统平台与产品，优化文化数据提取、存储、利用

①　［法］让·鲍德里亚：《符号政治经济学批判》，夏莹译，南京：南京大学出版社，2015年版，第238页。

技术，发展适用于文化遗产保护和传承的数字化技术和新材料、新工艺。诸如网络直播活动就是发挥新媒体对非物质文化遗产的传播与传承作用，以网民喜闻乐见的形式走近他们，让古老文化在现实生活中火热起来。

二、新技术传播与四川藏羌彝非遗

目前，四川藏羌彝非遗传播主要途径为本省广播电视、报纸杂志，各自治州的政府网站、文化宣传部门和社会团体的专业性网站。这些网站传播的非遗内容或按照国家级、省级、地方级目录进行归类，或按照文学史诗、音乐类、舞蹈类、绘画雕刻、传统技艺类进行分类，以图片、视频、音频、文字多种形式呈现，供受众随时查阅。另外还有微博、微信、网络直播等其他新媒体形式与传统广电媒体、报纸杂志及官方网站配合，拓展了非遗传播渠道和传播范围，体现出新媒体的便捷性、针对性、交融性、互动性等特征，逐步实现资源共享，提高传播效果，推动了媒体一体化进程。

大数据的应用给四川藏羌彝非遗资料的搜集、统计和价值甄别带来了极大的方便，"互联网＋"对少数民族非遗的传播内容与形式及传播渠道给予了前所未有的拓展。媒介融合使得少数民族非遗内容在图文并茂、视频音频、影视动画等多样化的传播中呈现出本真效果，使得原本远离大众生活的非遗项目客观真实、生动形象，更加符合受众的接受心理。自媒体的广泛流行，个人电脑、Ipaid、QQ、微博、微信、抖音、快手以及各种社交媒体平台，使得非遗的传播更加具有针对性。而今社会正处在以受众为中心的传播时代，自媒体的普适性消费带来了信息的"私有化"，人们更多依赖圈子式的传播方式，下载喜欢的移动信息终端，订阅一些信赖的公众号推送的信息，或是依靠 QQ 群、朋友圈信息资源的共享传播。这些看似散漫的传播信息消费方式却更能体现精准式传播效果。在这样的媒介消费时代，更值得我们思考的是少数民族文化传播怎样才能更符合大众的需求和兴趣。面对这个问题，不断提高媒介传播的信息质量水平是最重要的，"内容为王"的时代主题不会过时。四川地区格萨尔的说唱艺术、藏戏、藏戏面具、唐卡画派等相对于西藏地区又有所不同，我们不妨思考，能否建立四川地区藏族非遗网站，围绕四川地区的藏族非遗项目以及和西藏地区的异同进行比较式的传播，利用融媒体的优势图片、视频音频再现，用网络直播的方式进行传承人展现式传播，增加交互式、记录式、体验式的传播环节，如此既可以提高非遗传播的真实客观性，又可观可感地加深了受众对非遗的认知。近年来，甘孜州政府网站以及康巴卫视推出的"圣洁甘孜 App"等传播方式，增加了地方民族非遗传播的形式与内容，促进了各产业链实现联动发展。过去四川藏羌彝地区大多是以旅游景点为公众所知，现在的旅游产业将本地区非物质文化遗产变成了旅游业的附属品，这些地区的旅游业也以少数民族特色文化为招牌广泛吸引游客，旅游业与非物质文化遗产形成了密不可分、相互促进的关系。甘孜藏族自治州的康定情歌文化，德格格萨尔说唱艺术、藏戏演出、唐卡、石刻，阿坝藏族羌族自治州的羌寨、羌绣、羌年、瓦尔俄足节，凉山彝族自治州的彝族年、火把节、彝绣等成了当地的文化招牌，在国内外都享有盛名。大众传播在"互联网＋"的背景下，为民族文化产业发展提供了技术和智力的强大支持。通过文化品牌的策划包装，由强大的网络传播推送，四川藏羌彝非遗不仅作为民族历史而存在，更在新时期具有旺盛的生命力，为当下发展文化产业和文化创意产业提供了资源保障，同时也营造了民族文化环境的浓厚氛围。羌族生态文化保护区的建设宣传，阿坝红原音乐节的举办，凉山彝族风情园承办 2017 年央视春晚分会场，成都承办的各届国际非遗艺术节等，这些文化活动都带动了相关产业链的发展，再经过互联网的广泛传播，使得四川藏羌彝非遗不仅实现文化传播的效力，也赢得了丰厚的经济回报。

非物质文化遗产的保护传承是随着社会文化理念和技术的变革而不断发展进步的。2017 年出现的"非遗直播"形式，可以说开启了我国非物质文化遗产保护传承传播的新纪元，对于四川藏羌彝非遗的传播与开发利用有着十分重要的现实意义和实用价值。网络直播体现了时代的时尚感，更接近大众的文化接受方式。清华美术学院的研究生在 2016 年暑期利用网络直播的形式将他们的"探宝之旅"与网友分享，引起社会对非遗项目及其传承人的广泛关注。阿里巴巴在浙江杭州举办的"网络红人向非遗传承人一对一拜师学艺"，通过同步直播，一天就吸引了百万网友的围观。2017 年 6 月，光明网联合斗鱼直播走访国家级、省级非遗传承人，推出了三十多场移动直播，让全国广大网友目睹了非遗风采。同年，中央网信办和文化部联合主办"喜迎十九大，文脉颂中华"大型网络非遗传播活动，在网上掀起了讨论热潮，开创了非遗保护的新局面，也为网络时代非遗的保护传承提供了崭新的思路，"直播＋非遗"成为当前非遗传播的新形式和发展趋势。2017 年至 2018 年开展的"文脉颂中华"非遗网络传播主题活动有效提升了非遗传播的网络影响力和辐射力。

据中国互联网络信息中心发布的《中国互联网络发展状况统计报告》显示："截至 2020 年 12 月，我国网民规模达 9.89 亿，手机网民规模达 9.86 亿，互联网普及率达 70.4％。我国网络视频用户规模达 9.27 亿，占网民整体的 93.7％。"① 四川藏羌彝非遗的传播未来，除增加非遗传播网站，增设非遗专栏，促进媒体线上线下的互动交流，还应推进网络直播等新形式，以及利用 VR、AR 等数字技术，让传播更具系统性、针对性和原真性，更有效地保证民族非遗的"活态"发展。目前看来，非遗直播试点与推进主要在我国一些经济科技较发达的地区。四川地区的藏羌彝非遗要通过网络直播进入广大民众的视野，应尽快抓住机遇，充分利用现有条件开始非遗直播尝试，让本地的民族非遗传播尽快地实现效益最大化。通过网络直播的形式吸引受众，受众也可以通过直播提供的线索，通过链接进一步深入了解非遗相关知识。正如李玚谈道，直播其实是一种圈层文化，每一个非遗的背后其实都有自己的圈子，在移动互联网的碎片传播方式下，每一个小的 IP 周边会吸引一批固定的受众，未来，无论是从传播、品牌还是商业的角度，一个拥有圈子的非遗项目都会得到丰厚的回报。② 技术平台固然重要，但重点还应该发掘并推出更多有价值的非遗，在革新技术的同时不断发掘不同类型的民族非物质文化遗产的资源，根据网络直播的传播规律和传播特点进行传播内容的筛选与制作，多选择受众感兴趣的非遗项目，深入了解非遗的文化内涵与活态传承价值，让非遗在现实社会鲜活起来。

---

① 中国互联网络信息中心第 47 次《中国互联网络发展状况统计报告》，CNNIC，2021 年 2 月 1 日。

② 李玚：《当非遗遇上直播——新媒体为非遗传播赋能》，央视网，2017 年 9 月 12 日。

三、大众传媒宣导与四川藏羌彝非遗活态传承

非遗的活态传承，其本质要求是体现它的原真性，高科技的融媒体比传统媒体更能实现原真性的活态传播，也能丰富其传播内容与形式，实现便捷高效的传播。但是在少数民族非遗的保护传承与传播中，无论高科技能提供多么强大的技术支撑，我们都不能唯技术论，甚至要随时警惕利用高新技术使非遗变味的可能。在报道少数民族非物质文化遗产市场投放的生产状况、商业效应以及市场反应等方面，大众传媒首先应宣传引导大众对少数民族非物质文化遗产资源的历史价值、经济价值、艺术价值等的正确认知，扭转大众对少数民族非物质文化遗产持有的诸如落后的、不时髦的刻板印象。原文化部非物质文化遗产司马盛德研究员认为："对于非遗来讲，有一个自身的特点，就是大家普遍觉得容易出现土、不时髦的现象，尤其是现在我们对于和非遗相关的旅游产品，在管理上很松，品质相对比较差，更是让大家有了这样的印象，所谓非遗的东西就是土的。"① 其实"土"就是非遗的本真面貌，表面的"土"蕴含着非遗丰富的民族历史文化内涵和特有的民族艺术风格。大众媒介传播中应客观地看待活态传承的问题，指出随着现代社会的发展，每个民族的非遗在活态发展中都会在保持本真性的基础上有所创新发展。尤其是投入生产性保护的非遗既要保持民族传统特色，又要注入本民族新的价值观念和审美理念，这样才能既得到本民族的认同，又得到其他民

---

① 王林娇：《非遗传承人的"当代文化传承"》，雅昌艺术网，2016 年 2 月 8 日。

族消费者的喜爱。

其次，大众传媒在阐释少数民族非物质文化遗产价值维度方面，对各重要非遗种类不同的价值应做出明晰的阐释，对其史料来源、生存状况、开发意义、艺术价值以及民族特色等做出专业具体的介绍，而非笼统、雷同，更非夸张歪曲地传播。

最后，大众传媒在反映非遗开发利用现状的同时，还应为其将来的发展探寻出路。当前由于少数民族非遗传承人大多年龄偏大，非遗传承面临后继无人的困境，加上年轻群体缺乏参加非遗生产性保护的积极性等原因，传统的生产方式不能满足日益增长的市场需求，按照工业化批量生产方式进行少数民族非遗产品的生产又会在很大程度上削减非遗内涵与民族特色。《光明日报》载文指出：生产性保护作为中国非遗保护经验的重要组成部分，已引起缔约国的重视。低层次模仿绝不是生产性保护的应有之义。模仿是传承的基础但不是全部，对既有的艺术佳作进行模仿，尽管能在审美上起到一定的替代作用，甚至打开原作未能表现的艺术空间，也能提供诸多就业岗位，在一定程度上可以合理存在；但一窝蜂地"再创作"，特别是对手工技艺和民间美术类非遗项目的伤害是巨大的。它非但没有提升反而降低了手工技艺作品的格调，更动摇了手工技艺类项目存在的根基。[①]

在少数民族非物质文化遗产的生产链上，怎样平衡家族式生产、师徒生产以及专业培训基地的生产，如何让非遗与现代生活有机结合起来等问题，值得深入思考。大众传媒应关注这些问题和矛盾，有针对性地宣传国家对非遗保护传承的法律法规、非遗

---

① 王福州：《非遗传承保护的新思考》，《光明日报》，2013年8月3日，第12版。

生产性保护的科学知识、产品生产和市场销售信息等，对非遗保护传承的典型案例进行报道，在大众传媒上开设传承人讲坛，邀请非遗代表性传承人给参加培训的传承人群讲课，便于传承人之间的交流以及得到专业性的指导。近年来国家高度重视非遗传承人的培养，据原文化部非遗司负责人介绍：

> 从 2015 年暑期开始，文化部委托 12 个省（自治区、直辖市）的 23 所院校，分批次启动普及培训、研修和研习试点。截至目前，试点院校陆续举办了 9 期研修班和 26 期普及培训班，培训学员 1800 人次；委托清华大学等 3 所高校和雅昌文化集团启动了 7 个研习项目。中国非遗保护中心对试点工作进行了总体评估。评估报告认为：研培计划适应非遗保护工作的客观需要和传承人群的主观需求，具有突出的现实意义。在试点成功的基础上，2015 年 11 月，文化部联合教育部印发了《关于实施中国非物质文化遗产传承人群研修研习培训计划的通知》，正式在全国范围实施研培计划。经过对推荐院校的严格遴选和实地考察，我们会同教育部优先选择了专业实力较强、非遗保护工作基础较好的 57 所高校作为 2016 年研培计划首批参与高校在去年陆续开班。①

国家采取这样的重大举措，目的是提高传承人的传承水平，扩大传承人基数，促进非遗的传承与保护。但由于全国非遗项目众多，需要培养的传承人在较长的时间内还难以达到应有的数量。民族地区尤其是像四川藏羌彝非遗地区目前还大量缺乏非遗传承人，除了推荐有限的人参加国家举办的传承人培训，更要因

---

① 《文化部非遗司负责人就非遗传承人群研培计划答记者问》，《光明日报》，2016 年 2 月 26 日，第 8 版。

地制宜，用多渠道的方式进行培养，可在采用师傅带徒弟、非遗产业企业培训生产人员方式的同时，利用当前正在试用推行的网络直播形式，鼓励一批批传承人加入直播的网络空间人际传播形式，以点到面进行扩散式的文化传播，这也是一种相对客观鲜活的传播方式。直播的形式让更多非遗传承人参与进来，充分发挥传承人的"意见领袖"作用。全程直观的展现，更能增强传播内容的可信度，提高传播的专业性和影响力。大众媒体要从非遗传承接班人的根本问题上起到引导和鼓励作用。

大众传播是促进社会发展变革的重要力量，传播在影响人的思维方式、价值观念，推动整个社会现代化进程方面拥有强大的影响力。大众传媒在对少数民族地区非物质文化遗产的传播上，应以现代化的眼光看待传统文化，将传统放在现代文明的坐标中，承继精华丢弃糟粕，促进非遗得到科学的保护与传承。从21世纪开始，我国非遗保护传承，从国家顶层设计到民众意识普及，都是伴随着现代生活方式和审美方式的改变而进行的。非遗的传承已成为当代民族文化发展的一个重要话题。在大众传播与少数民族非遗传承的互动作用中，大众媒介应始终注意以下问题：第一，应遵照党和国家关于少数民族非遗的方针政策、保护规划及措施，积极做好宣传引导工作，让少数民族地区的广大民众感受到党和国家对民族文化的重视，调动他们参与本民族文化保护传承的积极性。第二，应善于利用新媒介技术，充分发挥大众媒体的社会文化传承功能，营造有利于少数民族非遗传播的良好环境；通过长期对非遗的传播，让人们对少数民族文化有更多的了解与认同，以促进民族团结。第三，要对少数民族非遗的生产性保护活动给予正确的引导，帮助非遗生产企业和个体端正市场与消费意识，维护非遗的原真性和正常的市场秩序。第四，应及时反映非遗保护传承与传播实践中取得的成效和经验，促进民族地区非遗保护工作的交流与发展。发挥舆论的监督作用，敢于报道存在的问题，并善于对问题进行客观分析，积极提出改进建议。这样才能充分发挥对少数民族非遗的保护、传承与传播的重要作用。四川藏羌彝非遗拥有许多颇具价值的项目，相信借助大众媒体不断创新的传播方式和手段，通过诸如"网络直播"这样的大众传播平台与途径，借助 AR、VR 这样的创新媒介技术，四川藏羌彝非遗将以鲜活的形象进入四通八达的网络，为国内外广大受众所认识和喜爱。

结 语

21世纪以来，四川藏羌彝文化产业走廊的建设与相关非遗的保护传承工作已越来越受到政府的重视和各民族群众的支持，在保护开发与传播方面已取得明显的成效。尤其是党的十八大以来，在中央文化强国、"一带一路"促进世界经济文化交流战略思想指导下，四川藏羌彝文化产业走廊建设又有了新的规划，各级地方政府都将这项工作列入政府议事日程，除了对已经立项的非遗项目加大保护传承的力度，还对更多的非遗项目进行鉴别发掘，促进其申报。在大众传媒与四川藏羌彝非遗的结合上，四川媒体对少数民族非遗的传播做了大量的工作，取得了突出的成效。四川是藏羌彝文化产业走廊的核心地域，拥有独特的非遗资源和开发条件，大众传媒与相关学界高度重视和积极介入少数民族非遗的保护传承与传播，在非遗传播实践和理论研究两方面都获得了可喜的成果，为进一步加强大众传播与少数民族非遗的结合、促进相互发展打下了坚实的基础，奠定了良好的格局。但我们也要客观地看到，在藏羌彝文化产业走廊建设中，无论是在观念认识上，还是在措施实践上都还存在一些不可忽视的问题。面对藏羌彝民间文学、传统音乐、传统舞蹈、传统戏剧、传统曲艺、传统体育、游艺与杂技、传统美术、传统技艺、传统医药、民俗等各类非遗项目，如何将传统与现代有机结合，增强其生命力；在保护非遗的同时，如何做好传承工作，怎样有计划、系统地对现有非遗传承人提供传授条件，保障其后继有人；在对非遗开发利用的同时，如何避免片面地追求经济效益导致同质化与异化；在跨文化的交流中如何拓展国内外各民族的交流平台，使非遗在更广阔的领域得到活态传承与有效传播等，这些问题都需要认真研究和着力解决。

本研究在我国大力增强文化软实力，实施"一带一路"倡议和推进供给侧结构性改革的背景下，将四川藏羌彝文化产业走廊少数民族非遗的保护传承纳入大众传播学的视域，以各民族地区非物质文化遗产的保护传承与传播现状为主要研究对象，具体针对其传播方式和内容以及得失进行分析研究。结合四川藏羌彝少数民族非遗内容和特点，探索大众传播与少数民族非遗保护传承的有效对接途径及形式。依据我国大众传播的经验，借鉴西方传播学的相关理论，本研究旨在探索传播学本土化的现实意义，从传播学视角出发认识中国本土非遗传承问题，对四川少数民族地区非遗保护传承的作用、成效及存在的问题与原因做出较为全面的阐释，并就存在的问题如何改进提出个人的建设性意见，试图探索并提供对民族文化保护传承与传播的有益参考。

本研究以《传播学视域下的四川藏羌彝非遗研究》为题，理论与实践相结合，将研究的范围与内容分为五个部分：

第一部分侧重论述了四川藏羌彝非遗特殊地位与民族文化本土化传播的重要意义。阐释了传播学本土化的理论与四川藏羌彝本土化传播的现实意义。在论证少数民族非物质文化遗产体现民族文化多样性、增强文化记忆与身份认同的特殊价值基础上，指出少数民族文化的传播离不开国家制度和政策的支持以及社会各界力量的参与，介绍了四川藏羌彝非遗传承的政策环境和社会环境，并说明大众传媒在其中发挥着宣传导向和文化传播的重要作用。

第二部分从仪式传播的理论思想出发，结合四川藏羌彝地区非遗项目中的传统民族节日庆典活动，论述了文化仪式传播的特点与社会效应。从21世纪加快非遗保护传承工作以来，四川藏羌彝地区政府以及相关部门、社会团体组织的各种仪式化非遗活动，在传播上扩大了非遗的影响，取得了一定成效，但一些仪式化活动偏离了非遗主体的意志和非遗的本质与精神，导致仪式传播中的非遗活动没有实现良好的效应。正确认识和运用仪式传播对于非遗的传播有着积极的现实意义。笔者以四川藏羌彝非遗中藏历年、羌年、瓦尔俄足节、彝族火把节等典型个案为例，具体展示和分析了仪式传播中的组织行为和群体自发行为，以及它们各自发挥的积极意义与消极意义。

第三部分侧重阐释论证了民族文化传播与跨文化的理论思想。本部分探讨跨文化传播视域下走向国际的非遗艺术，着眼于新时期讲好中国故事、让中国文化走出去的文化战略目标，阐释了跨文化中不同文明交流互动的重要性。以四川藏羌彝民族典型独特的藏戏面具、藏族吉祥符、羌族羊图腾符号、羌笛、彝族三原色、彝族鹰图腾等文化象征符为例，从民族文化身份体认和符号学视域里的民族文化认知出发，探究营建共通的文化意义空间对于民族文化跨文化传播的重要意义。以走出去的四川藏羌彝非遗符号为例，包括格萨尔的国际性学术交流，唐卡的国际化传播，藏戏、音乐、舞蹈表演以及其他一些典型的国际交流非遗个案，对跨文化的理论思想的目的意义进行了印证。归纳论析了在

"一带一路"倡议、国家藏羌彝文化产业走廊建设以及网络新媒体的时代语境下四川藏羌彝跨文化传播的机遇。

第四部分侧重论证发展传播理论对民族地区非遗文化产业发展的引导意义。阐释了发展传播的内涵与现实意义，探讨了非遗与民族地区发展的关系，发展传播中国化的内涵与现实意义，保护传承四川藏羌彝非遗与发展文化产业的关系，大众传媒对发展民族文化产业的作用，以及当前四川藏羌彝文化产业的规划及成效。运用各民族生态产业园区、民族文化产业园和文化产业个体创业典型，进一步印证在保护传承少数民族非遗进程中，构建民族文化品牌的重要性。从看待问题和总结教训的角度，本章还结合四川藏羌彝非遗中一些项目的符号化消费现象，分析了"消费社会"与文化"异化"的特征与原因。

第五部分侧重论述了现代传媒语境里的大众传播与四川藏羌彝非遗的现实关系与相互作用，从大众传播的文化遗产传承功能，大众传媒的传播理念、内容与方式以及新媒体技术对四川藏羌彝非遗保护传承和传播促进作用等角度阐释了笔者的认识和观点。本章还因为影视传播的特殊优势和广泛影响，专门就影视传播与少数民族非遗保护传承的相互促进关系与作用进行了探讨，并以影视作品中四川藏羌彝非遗元素体现的典型例证，论述了影视传播非遗的重要性，同时也指出了一些有关非遗的影视作品存在的问题和不足。例如一些背离民族文化保护传承初衷的作品，使用非遗题材主观化、任意化，为了追求视觉效果和票房价值而破坏了非遗的原生态，致使某些表现非遗的作品传播流于标签化、形式化、模式化与商品化。本研究在批评的基础上提出尊重和维护少数民族非遗，在创作中坚持原真性和艺术性相结合的原则。面临新技术主导的新媒介时代，笔者认为四川藏羌彝传播在与新媒体对接中，要在时代的信息高速公路上快速前进，有力地推动四川藏羌彝文化产业走廊的建设，不仅需要我们对传播新技术有足够的认识，更重要的是在理论结合实践的探索中因势利导、因地制宜地拓展本土化的传播领域，取得更显著的成效。

在对以上问题的研究基础上，笔者认为，大众媒体要充分认识到藏羌彝文化产业走廊建设在国家文化整体建设中的重要地位和特殊意义，在坚持少数民族非遗传播本土化的立场上，积极发挥大众传媒的宣传导向作用。面对非遗保护传承中流于形式化与模式化、传承人断层与主体价值观背离、非遗开发利用的标签化和商品化、非遗题材创作的主观化等问题，大众媒介与学界都要认真思考，寻求解决的途径与答案。少数民族非物质文化遗产媒介化生存虽面临一些挑战，但也面临更多发展机遇。21世纪以来，大众传播在与四川藏羌彝非遗对接的尝试与探索中，已积蓄了一定的经验，现代媒介也为四川藏羌彝非遗传承传播提供了新的平台，"一带一路"为藏羌彝文化产业走廊发展文化产业开创了前景广阔的新路。新形势下，我们要大力宣传贯彻少数民族非遗传承的方针政策；积极融入"一带一路"倡议的传播领域，加强国内外各地区和各民族非遗的交流；尊重少数民族文化历史，保持少数民族非遗基因与特色的传播策划制作，构建从中央到地方的纵横传播链；在大数据条件下创新传播方式与途径，坚持原真性保护与活化非遗内容；充分利用供给侧结构性改革创造的有利条件，结合地方经济文化发展的需要，加强非遗生产性保护的引导传播，促进非遗文化市场消费的健康发展；从国家文化发展的大局出发，做好四川藏羌彝非遗与国家民族文化融合扩散的传播，为提高国家文化软实力发挥更大的作用。研究大众传播理论的目的不仅是丰富学科内容，推动学科发展，更重要的是在实践运用中发挥其应有的功能作用。大众传媒在宣传促进四川藏羌彝少数民族非遗的工作上已做出了显著贡献，今后也是大有可为的。展望未来，大众媒体尤其是网络新媒体在大数据、"互联网＋"的技术支撑下，利用人们喜闻乐见的电子图文、网络直播、电影电视等视频音频，以及其他有效的传播方式，形成全方位、多层次、多渠道的传播格局，能为推动我省藏羌彝文化产业走廊的建设探索更多的新思路和新方法，为传播少数民族文化，推进国家文化整体建设做出更多的贡献。

本研究虽然在选题上具有一定的新意，能理论结合实际地将传播学的相关理论用于四川藏羌彝非遗保护传承与传播的研究，并提出了个人的一些看法和建议，但笔者的研究也仅仅是一种尝试。限于个人有限的学识与研究条件，现有的内容与见解难免存在片面与不足。从准备资料、分析研究到撰写过程中，笔者面临一些难以解决的困难：首先是有关部门公布的非遗情况不够及时和全面，难以准确把握四川藏羌彝非遗项目总量，影响对其传播总体效果的考量。其次是关于四川藏羌彝非遗保护与传承的传播案例零星分散，无专类文集或档案，需花大量时间与精力搜寻有关资料。再者是传播学视域下的四川藏羌彝非遗研究属新课题，缺乏对大众传播理论与四川藏羌彝三个民族非遗传播结合的直接的、整体性研究的参考文献。另外，没有专门的经费，靠自费赴甘阿凉只能做一些有限的资料搜集和实地考察。因为这些客观因素，加上自己学术视野不够开阔，学识不够深厚等主观因素，研究存在的主要问题有三：一是对四川藏羌彝非遗项目的总体分布情况和保护传承与传播的总体效果把握不尽全面；二是对四川藏羌彝非遗保护传承及开发中分别存在的问题及原因把握不够；三是实地考察不够，虽然对甘阿凉三地非遗都曾进行现场考察，但不够深入，而主要是从政府及文化、宣传部门以及博物馆和各种媒体报道搜集相关的报告、文献资料。这些问题影响笔者对本课题进行更加深入的研究，但笔者对该课题有浓厚的兴趣和必要的信心，将会在今后的学习研究中抱着严谨求实、执着努力的态度，不断完善研究方法，追求更加完满的成果。

参考文献

阿坝藏族羌族自治州地方志委员会，2015. 阿坝州羌族志 [M]. 成都：巴蜀书社.

阿坝嘉绒文化研究会，2013. 雪山土司王朝 [M]. 成都：四川民族出版社.

阿坝嘉绒文化研究会，2016. 嘉绒文化研究 [M]. 成都：四川民族出版社.

阿尔布劳，2001. 全球时代：超越现代性之外的国家和社会 [M]. 高湘泽，等译. 北京：商务印书馆.

阿来，2021. 格萨尔王 [M]. 重庆：重庆出版社.

阿什德，2003. 传播生态学——控制的文化范式 [M]. 邵志择，译. 北京：华夏出版社.

本雅明，2006. 摄影小史：机械复制时代的艺术作品 [M]. 王才勇，译. 南京：江苏人民出版社.

包鹏程，孔正毅，2002. 艺术传播概论 [M]. 合肥：安徽大学出版社.

巴兰，戴维斯，2014. 大众传播理论：基础、争鸣与未来 [M]. 曹书乐，译. 北京：清华大学出版社.

鲍德里亚，2000. 消费社会 [M]. 刘成富，全志钢，译. 南京：南京大学出版社.

鲍曼，2013. 全球化：人类的后果 [M]. 郭国良，徐建华，译. 北京：商务印书馆.

鲍曼，2013. 现代性与矛盾性 [M]. 邵迎生，译. 北京：商务印书馆.

鲍曼，2006. 被围困的社会 [M]. 郇建立，译. 南京：江苏人民出版社.

彼得斯，2003. 交流的无奈：传播思想史 [M]. 何道宽，译. 北京：华夏出版社.

波斯特，2005. 第二媒介时代 [M]. 范静哗，译. 南京：南京大学出版社.

波兹曼，2007. 技术垄断：文化向技术投降 [M]. 何道宽，译. 北京：北京大学出版社.

布迪厄，华康德，1998. 实践与反思：反思社会学导引 [M]. 李猛，李康，译. 北京：中央编译出版社.

巴纳德，2013. 理解视觉文化的方法 [M]. 常宁生，译. 北京：商务印书馆.

布莱克，布莱恩特，汤普森，等，2009. 大众传播通论 [M]. 张咏华，译. 上海：复旦大学出版社.

布朗，2002. 社会人类学方法 [M]. 夏建中，译. 北京：华夏出版社.

曹顺庆，1988. 中西比较诗学 [M]. 北京：北京出版社.

蔡尚伟，2007. 电视文化战略 [M]. 北京：中国市场出版社.

蔡尚伟，温洪泉，等，2012. 文化产业导论 [M]. 上海：复旦大学出版社.

柴焰，王小强，2013. 影像表达与文化阐释：中外优秀影视新作解读 [M]. 济南：山东人民出版社.

陈池瑜，2005. 现代艺术学导论 [M]. 北京：清华大学出版社.

陈崇山，孙五三，1997. 媒介·人·现代化 [M]. 北京：中国社会科学出版社.

陈建宪，2012. 民俗文化与创意产业 [M]. 武汉：华中师范大学出版社.

陈鸣，2009. 艺术传播原理 [M]. 上海：上海交通大学出版社.

陈勤建，1991. 文艺民俗学导论 [M]. 上海：上海文艺出版社.

陈蜀玉，2008. 羌族文化［M］. 成都：西南交通大学出版社.

赤烈曲扎，1982. 西藏风土志［M］. 拉萨：西藏人民出版社.

戴扬，卡茨，2000. 媒介事件——历史的现场直播［M］. 麻争旗，译. 北京：北京广播学院出版社.

戴伊克，1993. 话语心理社会［M］. 施旭，马冰，编译. 北京：中华书局.

单世联，2001. 现代性与文化工业［M］. 广州：广东人民出版社.

杜宁，1997. 多少算够——消费社会与地球的未来［M］. 毕聿，译. 长春：吉林人民出版社.

段鹏，2006. 传播学基础：历史、框架与外延［M］. 北京：中国传媒大学出版社.

范东生，张雅宾，1990. 传播学原理［M］. 北京：北京出版社.

费斯克，2001. 理解大众文化［M］. 王晓珏，宋伟杰，译. 北京：中央编译出版社.

费瑟斯通，2000. 消费文化与后现代主义［M］. 刘精明，译. 南京：译林出版社.

加达默尔，2004. 真理与方法——哲学诠释学的基本特征（上卷）［M］. 洪汉鼎，译. 上海：上海译文出版社.

卡西尔，2003. 人论［M］. 甘阳，译. 上海：上海译文出版社.

耿占春，2008. 失去象征的世界——诗歌、经验与修辞［M］. 北京：北京大学出版社.

高丙中，1984. 民俗文化与民俗生活［M］. 北京：中国社会科学出版社.

郭庆光，2004. 传播学教程［M］. 北京：中国人民大学出版社.

戈夫曼，2008. 日常生活中的自我呈现［M］. 冯钢，译. 北京：北京大学出版社.

格尔茨，1999. 文化的解释［M］. 韩莉，译. 南京：译林出版社.

格罗塞，1984. 艺术的起源［M］. 蔡慕晖，译. 北京：商务印书馆.

葛兰西，2000. 狱中札记［M］. 曹雷雨，姜丽，等译. 北京：中国社会科学出版社.

河清，2004. 现代，太现代了！中国：比照西方现代与后现代文化艺术 [M]. 北京：中国人民大学出版社.

霍尔，2010. 无声的语言 [M]. 何道宽，译. 北京：北京大学出版社.

哈布瓦赫，2002. 论集体记忆 [M]. 毕然，郭金华，译. 上海：上海人民出版社.

豪格，阿布拉姆斯，2011. 社会认同过程 [M]. 高明华，译. 北京：中国人民大学出版社.

何永斌，邹吉辉，李生军，等，2009. 四川民族地区国家级非物质文化遗产 [M]. 成都：四川大学出版社.

亨廷顿，1998. 文明的冲突与世界秩序的重建 [M]. 周琪，等译. 北京：新华出版社.

黄旦，2005. 作者图像：新闻专业主义的建构与消解 [M]. 上海：复旦大学出版社.

黄晓钟，杨效宏，冯钢，2005. 传播学关键术语释读 [M]. 成都：四川大学出版社.

威尔逊，2009. 威尔逊在阿坝——100 年前威尔逊在四川西北部汶川、茂县、松潘、小金旅行游记 [M]. 红音，于文清，编译. 成都：四川民族出版社.

霍克海默，阿多诺，2020. 启蒙辩证法 [M]. 渠敬东，译. 上海：上海人民出版社.

霍克斯，1987. 结构主义和符号学 [M]. 瞿铁鹏，译. 上海：上海译文出版社.

吉登斯，2001. 失控的世界——全球化如何重塑我们的生活 [M]. 周红云，译. 南昌：江西人民出版社.

吉登斯，2003. 社会学：第 4 版 [M]. 赵旭东，齐心，王兵，等译. 北京：北京大学出版社.

吉尔兹，2004. 地方性知识：阐释人类学论文集 [M]. 王海龙，张家瑄，译. 北京：中央编译出版社.

降边嘉措，2018. 格萨尔王传［M］. 北京：五洲传播出版社.

嘉雍群培，2007. 藏族文化艺术［M］. 北京：中央民族大学出版社.

蒋晓丽，2008. 传媒宣导抚慰功能［M］. 成都：四川大学出版社.

金炳镐，2006. 民族纲领政策文献选编（1921. 7—2005. 5）［M］. 北京：中央民族大学出版社.

凯瑞，2005. 作为文化的传播："媒介与社会"论文集［M］. 丁未，译. 北京：华夏出版社.

孙英春，2015. 跨文化传播学［M］. 北京：北京大学出版社.

勒庞，2010. 乌合之众［M］. 戴光年，译. 北京：新世界出版社.

李彬，1993. 传播学引论［M］. 北京：新华出版社.

李普曼，2006. 公众舆论［M］. 阎克文，江红，译. 上海：上海世纪出版集团.

李泽厚，1994. 批判哲学的批判［M］. 合肥：安徽文艺出版社.

利科，1988. 哲学主要趋向［M］. 李幼蒸，徐奕春，译. 北京：商务印书馆.

刘海龙，2020. 宣传：观念、话语及其正当化［M］. 北京：中国大百科全书出版社.

廖国伟，2002. 艺术与审美的文化阐释［M］. 北京：中国社会科学出版社.

廖海波，2007. 影视民俗学［M］. 北京：北京大学出版社.

刘玉珠，柳士法，2002. 文化市场学：中国当代文化市场的理论与实践［M］. 上海：上海文艺出版社.

罗伯森，2000. 全球化：社会理论和全球文化［M］. 梁光严，译. 上海：上海人民出版社.

罗杰斯，2005. 传播学史［M］. 殷晓蓉，译. 上海：上海译文出版社.

米德，2018. 心灵、自我与社会［M］. 赵月瑟，译. 上海：上海译文出版社.

马尔库塞，1988. 单向度的人［M］. 张峰，吕世平，译. 重庆：重庆出版社.

马林诺夫斯基，1987. 文化论［M］. 费孝通，等译. 北京：中国民间文艺出版社.

马林诺夫斯基，2016. 巫术、科学、宗教与神话［M］. 李安宅，译. 上海：上海社会科学出版社.

马特拉 A，马特拉 M，2008. 传播学简史［M］. 孙五三，译. 北京：中国人民大学出版社.

马银文，2006. 中华民俗艺术大全［M］. 北京：中国三峡出版社.

麦克卢汉，2000. 理解媒介——论人的延伸［M］. 何道宽，译. 北京：商务印书馆.

麦奎尔，温德尔，2008. 大众传播模式论：第 2 版［M］. 祝建华，译. 上海：上海译文出版社.

毛少莹，2008. 公共文化政策的理论与实践［M］. 深圳：海天出版社.

梅罗维茨，2002. 消失的地域：电子媒介对社会行为的影响［M］. 肖志军，译. 北京：清华大学出版社.

莫里斯，1989. 指号、语言和行为［M］. 罗兰，周易，译. 上海：上海人民出版社.

莫斯可，2013. 传播政治经济学［M］. 胡春阳，黄红宇，姚建华，译. 上海：上海译文出版社.

莫滕森，1999. 跨文化传播学：东方的视角［M］. 关世杰，胡兴，译. 北京：中国社会科学出版社.

欧阳宏生，2000. 电视批评论［M］. 北京：中国广播电视出版社.

欧阳宏生，等，2012. 电视文艺学［M］. 西安：陕西师范大学出版社.

帕克，伯吉斯，麦肯齐，1987. 城市社会学——芝加哥学派城市研究文集［M］. 宋俊岭，吴建华，王登斌，译. 北京：华夏出版社.

潘年英，2009. 非物质文化遗产保护与本土经验［M］. 贵阳：贵州人民出版社.

石奕龙，2005. 中国民俗通志［M］. 济南：山东教育出版社.

王毅，2000. 中国民间艺术论 [M]. 太原：山西教育出版社.

瑞泽尔，2003. 后现代社会理论 [M]. 谢立中，译. 北京：华夏出版社.

沙莲香，1990. 传播学：以人为主体的图像世界之谜 [M]. 北京：中国人民大学出版社.

邵培仁，1992. 艺术传播学 [M]. 南京：南京大学出版社.

邵培仁，2000. 传播学 [M]. 北京：高等教育出版社.

史蒂文森，2013. 认识媒介文化：社会理论与大众传播 [M]. 王文斌，译. 北京：商务印书馆.

斯托洛维奇，1984. 审美价值的本质 [M]. 凌继尧，译. 北京：中国社会科学出版社.

宋俊华，2019. 中国少数民族非物质文化遗产发展报告（2019）[M]. 北京：社会科学文献出版社.

宋生贵，2007. 传承与超越：当代民族艺术之路 [M]. 北京：人民出版社.

宋蜀华，陈克进，2010. 中国民族概论 [M]. 北京：中央民族大学出版社.

泰勒，1992. 原始文化：神话、哲学，宗教、语言、艺术和习俗发展之研究 [M]. 连树声，译. 上海：上海文艺出版社.

谭华孚，2004. 文艺传播论——当代传媒技术革命中的艺术生态 [M]. 福州：海峡文艺出版社.

唐家路，2006. 民间艺术的文化生态论 [M]. 北京：清华大学出版社.

涂尔干，2006. 宗教生活的基本形式 [M]. 渠东，汲喆，译. 上海：上海人民出版社.

托夫勒，1983. 第三次浪潮 [M]. 朱志焱，潘琪，张焱，译. 上海：上海三联书店.

王逢振，王晓路，张中载，2007. 文化研究选读 [M]. 北京：外语教学与研究出版社.

王文章，2006. 非物质文化遗产概论 [M]. 北京：文化艺术出版社.

王秀旺，2016. 彝族元文化典论［M］. 北京：民族出版社.

韦安多，2004. 凉山彝族文化艺术研究［M］. 成都：四川民族出版社.

韦尔施，2006. 重构美学［M］. 陆扬，张岩冰，译. 上海：上海译文出版社.

吴风，2002. 艺术符号美学［M］. 北京：北京广播学院出版社.

吴风，2004. 网络传播学［M］. 北京：中国广播电视出版社.

吴秋林，陈学礼，2015. 中国西部民族文化通志（影视卷）［M］. 昆明：云南人民出版社.

肖远平，2015. 中国少数民族非物质文化遗产发展报告（2015）［M］. 北京：社会科学文献出版社.

肖远平，2016. 中国少数民族非物质文化遗产发展报告（2016）［M］. 北京：社会科学文献出版社.

肖远平，2017. 中国少数民族非物质文化遗产发展报告（2017）［M］. 北京：社会科学文献出版社.

谢林，1996. 艺术哲学［M］. 魏庆征，译. 北京：中国社会科学出版社.

徐复观，2007. 中国艺术精神［M］. 桂林：广西师范大学出版社.

徐国源，谷鹏，2006. 当代传媒生态学［M］. 上海：上海三联书店.

许正林，2005. 欧洲传播思想史［M］. 上海：上海三联书店.

伊尼斯，2003. 传播的偏向［M］. 何道宽，译. 北京：中国人民大学出版社.

伊尼斯，2003. 帝国与传播［M］. 何道宽，译. 北京：中国人民大学出版社.

喻国明，2003. 传媒影响力［M］. 广州：南方日报出版社.

朱光潜，1979. 西方美学史［M］. 北京：人民文学出版社.

张咏华，1998. 大众传播社会学［M］. 上海：上海外语教育出版社.

张咏华，2002. 媒介分析：传播技术神话的解读［M］. 上海：复旦大学出版社.

赵东玉，2002. 中华传统节庆文化研究［M］. 北京：人民出版社.

赵静蓉，2015. 文化记忆与身份认同［M］. 上海：上海三联书店.

赵毅衡，2011. 符号学：原理与推演［M］. 南京：南京大学出版社.

支庭荣，2004. 大众传播生态学［M］. 杭州：浙江大学出版社.

钟敬文，1990. 请说民间文化［M］. 北京：人民日报出版社.

钟敬文，1994. 钟敬文学术论著自选集［M］. 北京：首都师范大学出版社.

钟敬文，1996. 民俗文化学：梗概与兴起［M］. 北京：中华书局.

钟敬文，2009. 民俗学概论［M］. 上海：上海文艺出版社.

仲富兰，2007. 民俗传播学［M］. 上海：上海文化出版社.

周鸿雁，2012. 隐藏的维度——詹姆斯·W·凯瑞仪式传播思想研究［M］. 北京：中国大百科全书出版社.